기쁠 때나 힘들 때나
주님 안에서 함께 기도하고 사랑하며
주님 뜻에 맞는 아름다운 성가정을
이루시기를 기원합니다.

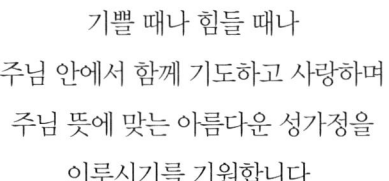

Original title: 101 Tips for a Happier Marriage
Copyright © 2013 by Jennifer Roback Morse and Betsy Kerekes
published by Ave Maria Press
Printed and bound in the United States of America.
All Rights Reserved.
Korean Translation Copyright © 2017 by Catholic Publishing House

부부 수업

2017년 1월 11일 교회 인가
2017년 5월 21일 초판 1쇄 펴냄
2018년 4월 27일 초판 2쇄 펴냄

지은이	제니퍼 로백 모스, 베치 케리크스
옮긴이	임정희
펴낸이	염수정
펴낸곳	가톨릭출판사
편집 겸 인쇄인	김대영
편집장	이현주
편집	전혜선, 김소정, 임찬양
디자인	정해인
마케팅	강시내
본사	서울특별시 중구 중림로 27
지사	경기도 고양시 일산동구 노첨길 65
등록	1958. 1. 16. 제2-314호
전자우편	edit@catholicbook.kr
전화	1544-1886(대) / (02)6365-1888(영업국)
지로번호	3000997

ISBN 978-89-321-1480-4 03230

값 12,000원

가톨릭출판사 인터넷 서점 http://www.catholicbook.kr

직영 매장	명동대성당 (02)776-3601, (070)8865-1886/ FAX (02)776-3602
	가톨릭회관 (02)777-2521, (070)8810-1886/ FAX (02)6499-1906
	서초동성당 (02)313-1886/ FAX (02)585-5883
	서울성모병원 (02)534-1886/ FAX (02)392-9252
	절두산순교성지 (02)3141-1886/ FAX (02)335-0213
	미주지사 (323)734-3383/ FAX (323)734-3380

가톨릭의 모든 도서와 성물을 '가톨릭출판사 인터넷 서점'에서 만나 보실 수 있습니다.

성경 · 교회 문헌 ⓒ 한국천주교중앙협의회

이 도서의 국립중앙도서관 출판예정도서목록(CIP)은 서지정보유통지원시스템 홈페이지(http://www.seoji.nl.go.kr)와 국가자료공동목록시스템(http://www.nl.go.kr/kolisnet)에서 이용하실 수 있습니다. (CIP제어번호: CIP2017009123)

이 책의 한국어판 저작권은 (재)천주교서울대교구 가톨릭출판사에 있습니다.
저작권법에 의해 한국 내에서 보호를 받는 저작물이므로 무단 전재와 무단 복제를 금합니다.

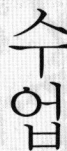

부부 수업

하느님의 축복이 함께하는 결혼 생활의 지혜

제니퍼 로백 모스 · 베치 케리크스 지음

임정희 옮김

가톨릭출판사

하느님은 신입니다.
우리는 아닙니다.
우리의 배우자도 아닙니다.

부부의 기도

○ 인자하신 하느님 아버지,
  혼인성사로 저희를 맺어 주시고
  보살펴 주시니 감사하나이다.
● 이제 저희가 혼인 서약을 되새기며 청하오니
  저희 부부가 그 서약을 따라
  즐거울 때나 괴로울 때나, 잘살 때나 못살 때나
  성할 때나 아플 때나
  서로 사랑하고 존경하며 신의를 지키게 하소서.
○ 또 청하오니
  언제나 주님을 찬미하는 저희 부부의 삶이
  주님의 사랑을 드러내는 성사가 되게 하소서.
  우리 주 그리스도를 통하여 비나이다.
◎ 아멘.

가정을 위한 기도 1

○ 마리아와 요셉에게 순종하시며
  가정생활을 거룩하게 하신 예수님,
  저희 가정을 거룩하게 하시고
  저희가 성가정을 본받아
  주님의 뜻을 따라 살게 하소서.
● 가정생활의 자랑이며 모범이신
  성모 마리아와 성 요셉,
  저희 집안을 위하여 빌어 주시어
  모든 가족이 건강하고 행복하게 하시며
  언제나 주님을 섬기고 이웃을 사랑하며 살다가
  주님의 은총으로 영원한 천상 가정에 들게 하소서.
◎ 아멘.

가정을 위한 기도 2

○ 사랑이요 생명이신 하느님 아버지,
　세상의 모든 가정은 당신의 성삼에서 비롯되었나이다.
● 여인에게서 태어나신 성자 예수 그리스도를 통하여
　거룩한 사랑의 샘이신 성령의 도움으로
　모든 가정이
　생명과 사랑의 보금자리가 되게 하소서.
○ 부부들의 생각과 행위를 당신의 은총으로 이끄시어
　모든 가정의 선익에 이바지하게 하소서.
● 자녀들은 가정에서 자신들의 존엄성을 깨닫고
　진리와 사랑으로 성숙하게 하소서.
○ 저희 가정이 겪는 모든 어려움을
　혼인성사의 은총으로 극복하게 하소서.
● 나자렛 성가정의 전구를 통하여 가정이 성화되고
　가정을 통하여 세상이 성화되게 하소서.
○ 길이요 진리요 생명이신
　우리 주 그리스도를 통하여 비나이다.
◎ 아멘.

추천의 말
하느님의 축복이 여러분에게 내리기를 바라며

✝ 주님의 평화를 빕니다.

사랑하는 형제자매 여러분!

예수님께서는 남편이 아내를 버려도 되는지 묻는 바리사이들에게 "그들은 이제 둘이 아니라 한 몸이다. 하느님께서 맺어 주신 것을 사람이 갈라놓아서는 안 된다."(마르 10,8-9)라고 말씀하시며 혼인의 중요성을 강조하셨습니다. 예수님의 말씀처럼 교회에서는 혼인을 일곱 성사 중 하나로서 큰 신비이자 거룩한 행위로 보고 있습니다.

그러나 오늘날 많은 이들이 결혼을 기피하고 있습니다. 결혼을 하기에는 현실적인 어려움들이 너무 많기 때문입니다. 특히 취업난과 경제적 어려움으로 인해 결혼을 멀리하거나 미루는 일들이 만연되어 있습니다. 이와 더불어 개인주의적인 성향과 의식 변화도 이에 한몫을 하기도 합니다. 이러한 사회적 환경이 결혼으로 나아가기 어렵게 합니다.

하지만 어렵게 결혼한 이들도 행복해 보이지 않는 모습을 종종 보게 됩니다. 서로 너무나 사랑해서 평생 어떠한 어려움도 이기고 늘 행복할 것만 같던 부부들이 왜 그 빛을 잃고, 급기야 서로 갈라서기까지 하는 걸까요. 그러한 부부들의 소식을 접할 때마다 안타까울 뿐입니다.

이러한 때에 나온 이 책 《부부 수업》은 결혼이 하느님의 큰 축복이며 인생에서 얼마나 중요하고 거룩한 의미를 갖는지 다시금 떠올리게 합니다. 이 책은 짧고 간결한 여러 조언을 담고 있습니다. 그 조언은 실제 결혼 생활을 하고 있는 저자 자신들의 경험에서 우러나온 이야기들이기에 더 와닿습니다. 게다가 지금이라도 당장 실천에 옮길 수 있는 사항들이라 매우 실제적이고 현실적이지요. 따라서 결혼을 준비하는 예비부부는 물론, 이미 결혼 생활을 하고 있는 부부에게도 좋은 길잡이가 되어 줄 것입니다.

사실 이 책에서 말하고자 하는 것은 분명합니다. 행복한 결혼 생활은 그저 이루어지는 것이 아니라, 부부가 함께 노력해야 하고, 무엇보다 하느님께 기도하며 도움을 청해야 한다는 것이지요. 아무 노력 없이 행복이 얻어질 수는 없는 일입니다. 그런데 그 노력은 바로 이 책을 읽는 여러분에게서 시작되어야 합니다. 그러면 배우자에게도 전해져 결국 행복한 결혼 생활로 나아가게 될 것입니다.

그러므로 프란치스코 교황님이 말씀하셨듯이 "용기를 가지고 그분과 함께 가시기 바랍니다." 결혼 생활이 행복해진다는 것은 가까이에는 여러분과 여러분의 자녀와 주변 사람들이, 크게는 사회 전체가 행복해진다는 뜻이기도 합니다. 이 책을 읽고 실천하려는 여러분은 이제 세상의 평화와 행복을 위한 첫 발걸음을 내딛게 되는 것입니다.

여러분의 가정에 주님의 은총과 축복이 항상 함께하기를 기원하겠습니다.

천주교 서울대교구 교구장
염수정 안드레아 추기경

머리말
여러분에게 이 책이 필요한 이유

가톨릭 신자들은 혼인성사를 할 때 몇 가지 약속을 합니다.

* 하느님이 바라시는 것처럼, 평생 배우자를 사랑하겠다고 약속합니다.
* 배우자가 어려움에 처해도 사랑하겠다고 약속합니다.
* 배우자와 함께 살기 힘든 지경이 되더라도 사랑하겠다고 약속합니다.
* 배우자를 사랑한다는 것은 거룩함을 향해 가는 여정의 일부임을 믿겠다고 약속합니다.

그리하여 혼인성사에서 신랑과 신부는 서로에게 이렇게 말합니다.

"나 (   )는 당신을 내 아내(남편)로 맞아들여, 즐거울 때나 괴로울 때나, 성할 때나 아플 때나, 일생 신의를 지키며 당신을 사랑하고 존경할 것을 약속합니다."

이는 오늘날의 흐름에서 볼 때 상당히 대담한 약속이지요. 혼전 임신 등으로 미혼모가 되거나, 결혼 대신 동거를 택하거나, 문제가 생기면 쉽게 이혼을 결정하는 등 오늘날 사랑이나 결혼을 가볍게 여기는 사람이 많다는 것을 생각해 볼 때 경건하게 혼인성사를 올리고 결혼 생활을 시작하는 것은 오히려 최근의 흐름에 역행하는 것처럼 보이기까지 합니다. 이제는 결혼은 무조건 해야 하는 것, 혹은 일반적인 삶의 방식이라고 보던 사회적 인식이 변화하고 있습니다. 사실 결혼은 다른 문화를 받아들이고 자신이 성숙해지는 과정이라고 볼 수 있지요. 이를 두고 요한 바오로 2세 성인 교황은 회칙 〈슬라브인의 사도들〉에서 '사랑의 문명civilization of love'이라고 표현했습니다.

이 책은 여러분이 혼인성사 때 한 약속을 지킬 수 있도록 도울 것입니다. 이 책을 읽는 여러분은, 여러분 자신이나 여러분이 사랑하는 사람을 위해 행복한 결혼 생활을 이루어 나가길 원할 것입니다. 어쩌면 결혼을 앞두었을 수도 있고, 주변에 결혼을 준비하는 사람이 있어서 그를 떠올리며 이 책을 읽을 수도 있습니다. 또는 지금 배우자와 갈등이 있거나, 결혼 생활에 어려움을 겪는 사람이 주변에 있어서 그를 돕고 싶어 할 수도 있지요.

그렇다면 시중에 나와 있는 책들과는 다른 이 책의 특징은 무엇일까요? 바로 여러분이 스스로 행동하도록 돕는다는 점입니다. 이 책은 배우자가 상담을 받으러 가거나 태도가 변하기를 기다릴 필요 없이, 더 좋은 결혼 생활로 지금 바로 이끌어 줍니다. 아마 이 책을 읽는 여러분은 그저 '안주하는' 결혼 생활에 머무르거나, 쉽게 별거나 이혼을 생각하는 사람은 아닐 것이라고 생각합니다. 여러분 마음 깊은 곳에 있는 사랑의 힘을 믿으며 말이지요. 그리하여 배우자를 포기하는 대신에 더 사랑하는 법을 알고 싶은 마음에 이 책을 읽기 시작했을 것입니다.

이 책을 통해 여러분이 하느님과 가까워지며, 여러분의 가정에 하느님의 계획이 이루어지기를 바랍니다. 그 첫걸음을 오늘 당장 시작해 보세요.

부부에게 중요한 결혼 생활

가정은 사랑을 배우는 첫 번째 학교입니다. 또한 남녀가 서로의 차이를 극복하고, 서로의 다름을 끌어안으며 하나가 되는 법을 배우는 곳이지요. 요한 바오로 2세 성인 교황과 베네딕토 16세 교황, 프란치스코 교황도 이러한 가정의 역할에 대해 여러 번 언급했습니다.

자녀에게 중요한 결혼 생활

가정은 자녀가 사랑하고 사랑받는 법을 배우는 곳입니다. 부모가 서로 사랑하는 모습을 보여 주는 것은 자녀에게 줄 수 있는 최고의 선물이지요. 부모의 화목한 결혼 생활을 보며 자녀가 느끼는 안정감과 사랑은 자녀의 인생 전체에 영향을 미칩니다. 그러나 부모의 불안정한 결혼 생활은 자녀가 자라서 자신의 결혼 생활을 꾸려 나가고 배우자를 신뢰하는 데 좋지 않은 영향을 주기도 합니다.

사회에 중요한 결혼 생활

결혼 생활이 무너질 경우, 한 가정의 문제로 끝나는 것이 아니라 사회 전체의 고통으로 이어질 수 있습니다. 부모의 사랑과 관심이 부족한 이들은 다른 사람과의 관계에서 문제를 일으키기도 하고, 한 사람을 교제하는 것으로 만족하지 못하는 사람은 주변 사람들에게 불안감을 줍니다. 자녀를 제대로 돌보기 어려운 부모를 위해서는 국가에서 혜택을 마련하는데, 이는 결국 세금이라는 개인의 부담으로 돌아오기도 합니다. 또한 가정을 대체할 곳을 찾다가 이단 종교 같은 온갖 유혹에 쉽게 빠지는 이들도 있습니다.

사랑을 깊이 받지 못한 이들은 자신을 사랑한다고 말하는 이를 오히려 불신하기도 합니다. 그리고 사랑받지 못한다는 고독감에 자신을 이용하려는 유혹에 쉽게 넘어갈 수 있습니다. 그러면 상처는 더욱 커져서 결국 자신을 진심으로 걱정하고 도우려는 사람들까지 의심하기도 합니다.

이처럼 행복한 결혼 생활이란 단지 부부에게뿐만 아니라 많은 사람에게 영향을 끼칩니다. 그러므로 결혼 생활은 개인의 영역에 그치는 것이 아니라 사회적 영역의 문제인 것입니다.

이 책에서 다루지 않는 것

이 책에는 의학적인 조언은 없습니다. 즉, 이 책은 중독이나 가정 폭력 등의 문제를 겪는 사람들을 위한 것이 아닙니다.

오늘날 중독은 약물이나 알코올을 넘어서 성관계나 포르노그래피 중독 등 많은 문제들로 범위가 확대되고 있고, 이는 부부의 행복에 점점 심각한 문제를 일으키고 있습니다. 만약 여러분이나 여러분의 배우자에게 중독으로 인한 문제가 있다면, 전문적인 도움을 청하기를 권합니다. 치료를 통한 의학적인 지원과 영성 상담, 법적 상담 등이 필요할 수 있습니다.

만약 여러분이 가정 폭력에 시달리고 있다면 역시 도움을 청해야 합니다. 이와 같은 심각한 문제를 겪는 경우에는 사제에게

터놓고 이야기할 것을 권합니다. 여러분이 가톨릭 신자답게 하느님의 뜻에 따라, 또 가톨릭교회의 가르침에 따라 살기를 바랍니다.

이런 심각한 상황을 제외하면, 여러분이 배우자나 그의 주변을 바꾸려고 노력하는 것보다 현재의 결혼 생활과 배우자에게 집중해서 노력하는 편이 낫다고 생각합니다. 여러분도 아시다시피, 여러분의 행복을 결정하는 데 가장 중요한 역할을 하는 것은 바로 여러분 자신이기 때문입니다!

앞으로 이 책을 읽으며 알게 될 행복한 결혼 생활을 위한 지혜들을 여러분의 삶에서 꼭 실천해 보시기 바랍니다.

이 책을 사용하는 방법

먼저 이 책을 배우자의 눈에 띄는 곳에 두지 마세요. 이 책은 '여러분'을 위한 것입니다. 즉, 배우자가 아니라 '여러분'이 중심이 되어 결혼 생활을 더 좋은 방향으로 변화시키도록 이끌어 줍니다. 그러한 변화를 이루기 위해서는 여러분이 생각하고, 바라고, 필요로 하는 것들을 최대한 분명하게 배우자에게 말해야 합니다. 그저 알아 주기만을 기대하거나 넌지시 암시하거나 일부러 흘리는 것은 좋은 행동이 아니지요. 이 책을 배우자가 보기를 바라며 눈에 띄는 곳에 슬쩍 두는 것도 마찬가지입니다. 여러분이 배우자에게 원하는 것이 있다면 바로 말을 하든지 아니면 배우자에게 굳이 밝히지 말고 스스로 해결하세요.

누군가는 첫걸음을 떼어야만 합니다. 누군가는 먼저 케케묵은 분노를 떨쳐 내고, 누군가는 먼저 용서하고, 누군가는 먼저 칭찬하거나 감사를 표현해야 합니다. 그리고 그 누군가는 지금 이 책을 읽고 있는 여러분이 되어야 합니다.

마지막으로, 현재의 결혼 생활에서 누릴 수 있는 기쁨을 찾아보세요. 배우자를 사랑한다는 것은 천국으로 가는 특별한 열쇠를 쥔 것과 같습니다. 하느님은 우리가 힘든 순간에 있을 때조차 기쁨을 찾아내길 원하십니다. 비록 배우자가 조금도 변하지 않더라도 가정에서 기쁨을 발견하고 또 만들어 내려는 여러분의 지속적인 노력은 보답을 받게 될 것입니다.

자, 이 책과 함께 여러분과 여러분의 가정, 그리고 여러분이 속한 공동체를 위해 행복한 결혼 생활로 나아가는 긴 모험을 떠나 봅시다.

추천의 말 · 염수정 추기경

차례

하느님의 축복이 여러분에게 내리기를 바라며　9

머리말
여러분에게 이 책이 필요한 이유　12

1-6　사랑하기로 결심하세요　21
7-16　생각을 바꿔 보세요　29
17-22　결혼 생활의 중요성을 깨달으세요　41
23-30　이상과 현실을 분명하게 파악하세요　49
31-37　먼저 행동하세요　59
38-44　현명하게 문제를 해결하세요　67
45-55　부부 사이의 다툼을 줄이세요　75
56-58　다툼에서 오는 스트레스를 피하세요　87
59-66　배우자의 비판에 지혜롭게 맞서세요　91
67-76　긍정적인 생각으로 마음을 채워 보세요　101
77-80　슬기롭게 도움을 청하세요　113
81-83　배우자를 도울 때 배려를 잊지 마세요　119
84-89　부부 사이에서 용서를 청하고 받아 주는 일은 중요합니다　123
90-93　배우자에게 감사하세요　131

맺음말　결혼 생활을 하는 내내 곁에 두고 읽어야 할 책　137

1-6

사랑하기로 결심하세요

사랑은 감정이 아니라 결심입니다.

모든 그리스도인 부부는 함께 지내며 배우자를 영원히
사랑하는 법을 알기 위해 노력해야 합니다.

프란치스코 교황

1
배우자를 사랑하겠다고
결심해 보세요

사랑에 빠진 사람은 상대방을 위해
최선을 다하기 마련입니다.

　결혼 생활에서 생기는 수많은 실망은 기본적으로 한 가지 오해에서 비롯됩니다. 그것은 바로 사랑을 '감정'이라고 생각하는 것입니다. 우리는 이성과 함께 있을 때 좋은 느낌이 들면, '사랑에 빠졌다'고 생각합니다. 하지만 사랑은 감정 그 이상입니다. 사랑은 결심이지요. 배우자를 사랑하겠다고 결심해 보세요. 그리고 배우자를 위해 최선을 다하겠다고 다짐해 보세요. 자신의 불편을 감수하고서라도 배우자를 위한 일들을 행동으로 옮긴다면 결혼 생활이 더 행복해질 수 있습니다.

배우자를 위해
자신이 먼저 변화해 보세요

그리고 변화한 자신이 배우자에게 줄
좋은 영향을 기대해 보세요.

우리는 정서적·영적인 성장을 스스로 멀리하기도 합니다. 때로는 새롭게 변한 자신을 배우자가 받아들이지 않을까 걱정하기도 하지요. 하지만 용기를 내어 여러분이 먼저 정서적·영적인 성장을 이루어 나간다면, 그 모습은 배우자에게도 좋은 영향을 줄 것입니다. 하지만 이때에는 스스로에게도, 배우자에게도 인내심을 가져야 한다는 점을 꼭 기억해야 합니다.

3

배우자와
늘 함께하세요

상대방이 고통스럽거나 힘든 상황에 있을 때에도
함께하는 것이 사랑입니다.

　배우자에게 힘이 되는 가장 쉬운 방법은, 배우자가 힘들 때 함께 있는 것입니다. 배우자의 하소연을 듣는 것이 어려울 수도 있고, 사랑하는 사람의 고통을 지켜보는 일이 가슴 아플 수도 있습니다. 하지만 말없이 곁에 있어 줌으로써 여러분이 배우자에게 헌신하고 있음을 표현할 수 있습니다.

4
배우자에게서
새로움을 발견해 보세요

사랑에 빠진 사람은 상대방을 더 알고 싶어 합니다.
배우자에게는 여러분이 아직 발견하지 못한
훌륭한 점이 많이 있습니다.

부부 사이에도 데이트가 필요합니다. 함께 밖에서 식사를 하고 산책하면서 이제까지 서로에게 하지 않은 이야기를 나눠 보는 건 어떨까요? 어린 시절 추억부터 이야기해 보세요. 이렇게 둘만의 시간을 보내면 큰 즐거움을 느낄 수 있고, 서로에 관해 많은 것을 알게 될 것입니다.

미국의 쉘던 베너컨 교수가 쓴 《잔인한 자비》라는 책에서, 저자는 자신과 아내가 너무나 사랑해서 서로를 더 알고 싶어 했고, 서로의 경험을 나누고 싶어 했다고 밝히고 있습니다. 그 마음이 얼마나 큰지 상대방이 읽었던 책을 모두 찾아서 읽을 정도였다고 합니다. 이처럼 배우자에게서 새로움을 발견해 내고 애정을 표현할 수 있는 방법에는 여러 가지가 있고, 이는 여러분도 할 수 있습니다.

배우자에게서 느끼는 안정감을
소중하게 생각하세요

사실 우리의 감정은 순간적이지요.
'이 사람과 있으면 좋아.'라는 생각만으로는
평생 결혼 생활을 유지하기에 충분치 않습니다.

  어떤 사람들은 이전과 감정이 달라졌다는 이유로, 흔히 말하듯 "더 이상 설레지 않아."라고 하며 이혼합니다. 몇 년 동안, 나아가 평생 동안 누군가를 미치도록 사랑하는 건 불가능하지만, 사랑의 불꽃을 간직하는 건 가능합니다. 배우자를 향한 과거의 감정을 현재에 떠올리는 것만으로도 불꽃을 계속 태울 수 있지요. 오래된 일기장을 펼쳐 배우자를 처음 만났을 때 쓴 글을 읽어 보세요. 서로 사랑을 담아 편지를 쓰거나, 추억이 깃든 선물을 건네거나, 두 사람에게 의미 있는 장소로 여행을 떠나는 것도 좋습니다. 다시금 사랑의 불꽃이 타오르게 할 방법은 얼마든지 있습니다. 곁에 있는 사람과 다시 사랑에 빠지는 건 두 번째, 세 번째, 몇 번째가 되더라도 설레는 일입니다.

성적인 욕망에 휘둘리지 않되, 부부 사이의 애정이 피어나게 하세요

사랑에는 성적인 욕망이 따라오지만,
성적인 욕망에만 끌려서는
부부 사이의 사랑을 발전시킬 수 없습니다.

오히려 부부 사이의 성적인 욕망을 절제할 줄 알 때 그 기쁨도 배가 될 수 있습니다. 특히 교회에서는 자연 가족 계획법을 권장하고 있습니다. 절제하고 난 뒤에 즐기는 사랑은 둘 사이의 열정을 전보다 훨훨 타오르게 할 수 있습니다.

7-16

생각을 바꿔 보세요

생각이 달라지면 결혼 생활이 더 행복해집니다.

하느님은 인간으로 하여금 혼자서는 천국으로 들어가지 못하게 만든 것 같다. 천국이란 하느님 사랑 그 자체이기 때문에, 사랑을 모르면 천국에 들어갈 수 없다. 요컨대 천국에 들어가기 위해서는 무슨 일이 있어도 '동반자'라는 열쇠가 필요하다. 그것이 가족이라는 열쇠일 수도 있고, 친구라는 열쇠일 수도 있는데, 그중에서도 가장 아름답게 빛나는 것이 사랑이라는 열쇠다.

하레사쿠 마사히데 신부의 《나를 살리는 말》 중에서

배우자는 신이 아니라
사람임을 기억하세요

여러분의 배우자는 사람이기에,
여러분을 늘 완벽하게 이해하고, 언제나 뜨겁게 사랑하며,
항상 여러분을 위해 존재할 수는 없습니다.

스스로에게 물어볼까요? 여러분은 배우자를 언제나 완벽하게 이해하고, 사랑하고, 배우자에게 헌신하나요? 아마 그렇지 못할 것입니다. 여러분이 완벽하지 않은데 어떻게 배우자가 완벽하길 기대할 수 있을까요? 오로지 하느님만이 완벽하시다는 사실을 잊지 말고, 그분을 여러분의 모범이자 인도자로 삼아야 합니다.

자신이 불완전하고, 실수할 수 있음을 받아들이세요

자신을 둘러싼 모든 일을 직접 통제해야 하는 것은 아닙니다.
사실 그렇게 할 수도 없지요.
우리는 신이 아님을 기억합시다.

결혼한 부부는 서로가 완전하지 않은 존재임을 잊지 말아야 합니다. 만약 위기에 처하더라도 여러분은 배우자와 함께 하느님께 기도드리고 또 노력하면서 그 상황을 헤쳐 나갈 수 있습니다. 주저앉지 말고 최선을 다해 앞으로 나아가세요.

배우자의 성장을
묵묵히 응원해 주세요

배우자의 변화보다는
자신의 변화에 더 집중하세요.

우리는 때때로 "사람은 바뀌기 어렵다."라는 말을 듣습니다. 정말 맞는 말이지요. 여러분이 배우자를 바꾸는 것 역시 어려운 일입니다. 배우자를 바꾸기 위해 슬쩍 찔러보기도 하고 잔소리도 할 테지만, 이는 오히려 배우자의 분노와 저항만 불러오기 쉽습니다. 그보다는 먼저 자기 자신을 자세히 들여다보세요. 자신이 어떤 모습으로 변화하는 것이 결혼 생활에 도움이 될지 스스로에게 물어보는 것이지요. 그러면 배우자의 단점을 대하는 여러분의 마음가짐이나 표현 방식이 달라질 수 있습니다. 어쩌면 배우자도 여러분만큼이나 상대방의 바꾸고 싶은 부분들을 참고 있었을지 모릅니다.

10
배우자를 통제할 수 없음을 받아들이세요

여러분은 배우자의 말이나 행동을 선택할 수 없습니다.
그러나 배우자의 말이나 행동에
어떻게 반응할지는 선택할 수 있지요.

다른 사람과의 관계에서 여러분이 통제할 수 있는 것은 일어나는 일에 대한 자신의 반응뿐입니다. 배우자와 중요한 문제나 심각한 일에 관해 대화해야 할 때는 머릿속으로 미리 그 상황을 그리면서 상대방의 반응을 예상해 보세요. 그러면 배우자의 기분을 상하게 하지 않으면서 대화를 이어 나갈 수 있을 것입니다.

자신의 일은
스스로 해결하세요

배우자가 어떻게 행동하든 상관없이
자신의 일을 스스로 해 보세요.

배우자는 여러분을 위해 이런저런 일을 해 줄 수 있습니다. 그러나 배우자가 '늘' 그렇게 해 주어야 한다는 생각에서 벗어나야 합니다. 물론 배우자에게 자꾸 의지하고 싶을 수도 있겠지만, 여러분 스스로도 할 수 있는 일까지 해 주기를 당연하게 바라는 것은 옳지 않습니다. 비록 그 일이 커다란 바퀴벌레를 잡거나, 막힌 하수구를 뚫는 것처럼 해 보지 않았던 일이라고 해도 여러분이 할 수 없는 일은 아닐 것입니다. 그때마다 귓가에는 영화 〈미션 임파서블〉의 주제곡이 맴돌겠지만, 여러분은 해낼 수 있습니다.

자신에게 중요한 집안일은 직접 하세요

그렇게 하면, 배우자에게
잔소리를 할 필요가 없어집니다.

사회학자들이 부부간에 누가 가사를 맡고, 누가 더 불평하는지 등 가사로 인한 갈등에 관해 연구했습니다. 거듭된 연구 끝에 학자들은 이러한 결론을 내렸습니다. "여성은 배우자가 자신의 헌신을 인정한다고 느낄 때 더 행복해지고, 남성은 잔소리를 듣지 않는다고 느낄 때 더 행복해진다." 그러므로 남자든 여자든 집안일 때문에 스트레스를 받는다면, 그냥 자신이 직접 그 일을 하세요. 그리고 만약 배우자가 그 일을 해 준다면, 반드시 고마움을 표현하세요.

13

사소한 문제는
그냥 넘어가세요

자신이 직접 나서지 않으면 해결되지 않을 정도로
중요한 문제가 아니라면, 배우자에게 잔소리를 할 만큼
중요한 문제도 아닙니다.

만약 여러분이 음식물 쓰레기통을 비워야겠다는 생각이 들었다고 가정해 봅시다. 여러분은 당장 그 쓰레기통을 비우고 싶지만, 배우자는 생각이 다릅니다. 하루 이틀 쓰레기를 더 채웠다가 한꺼번에 비우자는 것이지요. 쓰레기통은 지금 당장 비워야 할 수도 있지만, 배우자의 의견처럼 며칠 더 두어도 상관없을 것입니다. 어차피 쓰레기 수거 업체가 곧바로 올 것도 아니라면 말이지요.

이처럼 지금 당장 결정해야 하거나, 결정에 따라 큰 변화가 있는 문제가 아니라면, 배우자와 부딪히지 말고 그냥 넘어가는 것이 더 현명합니다.

14

긍정적으로
생각해 보세요

생각의 방향이 자꾸 부정적으로 흐른다면,
의식적으로 벗어나려고 노력해 보세요.
부정적인 생각은 삶에서 기쁨을 앗아 갑니다.

 인생을 살아가다 보면, 삶이 자신의 뜻대로 되지 않을 때가 참 많습니다. 때때로 좋지 않은 일들이 일어나기 마련이고, 심지어는 정말 끔찍한 일들도 일어납니다.

 최악의 상황에 놓였다고 느껴질 때에는 더 심각한 처지에 있었던 때를 떠올려 보세요. 그때는 정말 막막하게 느껴졌지만, 지나고 나니 괜찮아지지 않았나요? 정말 힘들 때에는 예수님의 수난을 묵상해 보세요. 그리고 주님께 기도하며 도움을 청해 보세요.

15

자신과 배우자의 다른 점을 인정해 주세요

남녀가 여러 가지 면에서 서로 다르다는 것은
이미 과학적으로도 증명된 사실입니다.
그러므로 차이점을 인정하고 활용하는 것이 좋습니다.

많은 가정에서 남자는 쓰레기를 내다 버리고, 여자가 설거지를 합니다. 그런데 이를 두고 고정된 성 역할에 빠지는 것이라고 하면서 괜한 불화를 만들 필요는 없습니다. 이러한 전형적인 남녀의 행동은 그저 남자와 여자라는 본능으로 그렇게 하는 경우가 많기 때문입니다. 남자와 여자는 서로를 보완하는 존재이지요. 따라서 부부는 서로의 다른 점을 인정하고 화합하며, 나아가 활용할 수 있어야 합니다.

16

미리부터 실패를
생각하지 마세요

실패를 예상하는 것은 좋지 않은 습관입니다.
결혼 생활에서는 특히 그렇습니다.

　

최근 외국에서는 결혼 전에 혼전 계약서를 쓰는 사람들이 늘고 있습니다. 그런데 혼전 계약서를 쓰는 사람들 가운데 오히려 이혼하는 사람들이 많습니다. 결혼 생활의 실패를 미리 대비한 채, 즉 일종의 탈출구를 만들어 둔 채로는 결혼 생활에 몰입하기가 어렵기 때문입니다. 이렇게 하면 결혼의 지속 또한 기대할 수 없습니다. 그러니 여러분의 사전에서 '이혼'이라는 단어는 아예 지워 버리세요. 여러분의 결혼 생활에는 그 단어 자체가 존재하지 않습니다. 그렇게 하지 않는다면, 결혼 생활을 유지하는 데 많은 장애가 뒤따르게 될 것입니다.

17-22

결혼 생활의 중요성을 깨달으세요

여러분의 결혼 생활은 여러분 자신에게, 자녀들에게,
심지어 주변 사람들에게도 중요합니다.

가정은 사회의 기본 세포로서, 우리가 서로의 차이 속에서
더불어 살아가고 서로에게 속해 있음을 배우는 곳입니다.
가정은 또한 부모가 자녀에게 신앙을 전수하는 자리입니다.

프란치스코 교황의 〈복음의 기쁨〉 중에서

지금부터 5년 후의
자신과 배우자의 모습을 그려 보세요

만약 그때에도 여러분이
배우자의 곁을 지키고 있다면,
스스로에게 고마워하게 될 것입니다.

미국 가치 연구소The Institute fer American Values에서는 이혼을 고려하는 부부들을 추적 조사했습니다. 그런데 한때 이혼을 고려했지만, 그 후 5년이 지나서도 혼인 상태를 유지하고 있는 부부 중 대부분은 자신들의 결정에 만족했습니다.

만약 언젠가 여러분이 배우자와 더는 같이 못 살겠다는 생각이 들면, 위의 조사 결과를 떠올려 보세요. 심호흡을 하고, 어깨를 활짝 펴고, 상황을 개선하기 위해 필요한 일들을 생각하면서 말이지요. 그리고 위기를 넘긴 후에는, 더 행복한 삶이 찾아오리라고 굳게 믿어 보세요.

18

현재에 집중해서
행복을 찾아보세요

자신이 갖지 못한 것보다는 가진 것에 집중하면서,
살아 있음에 감사하고,
인생에 만족하는 마음가짐을 갖겠다고 결심해 보세요.

이혼하는 사람들 중 상당수가, 이혼하면 지금보다 더 행복해질 것이라고 믿습니다. 하지만 행복은 찾지 못한 것일 뿐, 항상 자신의 주변에 있을 때가 많지요. 배우자에게 바라는 점을 자꾸 되새기는 대신, 여러분이 처음 사랑에 빠지게 된 배우자의 좋은 점을 생각하려 노력해 보세요. 그리고 애정 어린 눈으로 배우자를 잘 살펴보면, 여러분이 좋아한 점이 배우자에게 여전히 남아 있음을 발견하게 될 것입니다.

19

더 건강하게 오래 사는 자신을 상상해 보세요

행복한 결혼 생활은
여러분이 더 건강하게 오래 살 확률을 높여 줍니다.

한 연구 결과에 따르면, 남자에게 이혼은 하루에 담배 한 갑을 피우는 습관만큼이나 위험하고, 여자에게 이혼은 암에 걸리거나 빈곤한 생활을 할 때보다 수명을 몇 년 더 단축시킨다고 합니다.

이렇게 결혼 생활은 평균 수명에도 영향을 미칠 만큼 중요합니다. 자녀를 비롯한 가족과 친구들에게도 중요하지만, 가장 큰 영향을 받는 것은 여러분 자신이지요. 다른 사람을 위해 결혼 생활을 잘하려고 노력할 필요는 없다 해도, 적어도 자신의 행복을 위해서는 노력해 볼 만하지 않을까요?

결혼 생활이 자녀에게 주는 영향을 생각해 보세요

행복한 결혼 생활을 유지하는 부모를 둔 학생은 그렇지 않은 학생보다 대학에 진학할 확률과 학교에서 좋은 성적을 받을 확률이 더 높습니다.

어떤 부부들은 공통 관심사가 자녀밖에 없다고들 말합니다. 하지만 결혼 생활에서 자녀가 중요한 만큼 배우자도 우선순위에 놓아야 합니다. 또한 좋은 부부 관계를 위해서는 단둘이서 보내는 시간을 마련하기 위해 노력해야 합니다. 부부 사이가 좋으면 자녀가 정서적으로 안정감 있게 성장하는 데 좋은 영향을 준다는 것을 기억하세요. 나아가 부모의 결혼 생활은 자녀가 자라 자신의 결혼 생활을 이루어 나가는 데에도 영향을 미칩니다. 여러분과 여러분의 배우자는 다음 세대의 행복한 결혼 생활을 위한 좋은 롤 모델이 되어야 합니다.

21

결혼 생활이 주변 사람들에게 미치는 영향을 생각해 보세요

여러분은 잘 모를 수도 있지만, 여러분의 결혼 생활이 다른 사람들에게 좋은 모범이 될 수도 있습니다.

여러분의 가족, 친구, 직장 동료들은 힘든 상황에서도 결혼 생활을 잘 이어 나가기 위해 노력하는 여러분의 모습에 감동과 함께 긍정적인 에너지를 받을 것입니다. 험난한 장애물을 만났을 때 피하기는 어려운 일이지요. 하지만 이런 도전들에 어떻게 맞서는지는 여러분의 결혼 생활과 다른 사람들에게도 영향을 줄 것입니다.

22

결혼을 포기하지 않는다면
행복이 다가올 것임을 믿으세요

고난으로 힘든 순간을 겪을 때라도
마지막까지 포기하지 않기를 바랍니다.

결혼을 포기하고 싶을 때는 영국의 수상이었던 윈스턴 처칠이 제2차 세계 대전 중에 한 다음의 연설을 떠올려 보세요. "우리는 해변에서도 싸울 것이고, 땅에서도 싸울 것입니다. 우리는 들판에서도 싸울 것이고, 거리에서도 싸울 것입니다. 우리는 언덕에서도 싸울 것입니다. 우리는 결코 항복하지 않을 것입니다."

여러분은 싸울 필요가 없습니다. 그저 굴하지 않고 계속 사랑하기만 하면 됩니다. 어쩌면 지금의 결혼 생활이 너무 힘들게 느껴지거나 심지어 전쟁처럼 느껴질 수도 있습니다. 하지만 마지막까지 포기하지 않는다면 언젠가 행복이라는 승리가 다가올 것임을 믿으세요.

23-30

이상과 현실을 분명하게 파악하세요

결혼 생활을 포기하려는 사람들 중 상당수가
지금의 배우자보다 다른 사람이 나을 것이라고 생각합니다.
그러나 재혼의 이혼율이 초혼의 이혼율보다 높습니다.

> 주 하느님께서 말씀하셨다.
> "사람이 혼자 있는 것이 좋지 않으니,
> 그에게 알맞은 협력자를 만들어 주겠다."
>
> 창세 2,18

23

자신과 배우자에게
부족한 부분과 한계가 있음을 받아들이세요

부부는 서로의 부족한 부분을 함께 채워 나가야 합니다.
이러한 생각은 서로 싸우고 비난하는 대신
함께 문제를 해결하게 합니다.

    부부에게는 각자의 고유한 강점과 약점이 있습니다. 부부는 힘을 합쳐 서로의 강점을 이용해 문제를 해결해야 합니다.

    학창 시절에 제 남편은 수학과 과학을 잘했고, 저는 문학과 사회를 잘했습니다. 사실 제 이상형의 중요한 기준 중 하나가 수학을 잘하는 남자였지요. 제 수학 실력이 형편없었기에 수학을 잘하는 남자가 멋있어 보였거든요! 남편은 여전히 쉬운 곱셈도 헷갈리는 저를 놀리고, 저는 자주 쓰는 단어의 맞춤법도 틀리는 남편을 놀립니다.

    누구에게나 약점은 있습니다. 자신의 약점을 인정하면서 배우자의 약점도 받아들이세요. 부부는 서로 비난하는 것을 멈추고 함께 나아가야 할 한 팀임을 깨달아야 합니다.

24

부부 사이에 놓인
갈등을 인정하세요

오랜 관계에서 어느 정도의 갈등은 생길 수밖에 없음을 받아들이세요.
갈등이 있다고 해서 배우자를 잘못 골랐다거나 부부 중 누군가
또는 두 사람 모두에게 문제가 있다는 증거는 아닙니다.

함께 풀어야 할 문제가 있다면, 둘 다 충분히 휴식을 취하고, 차분해졌을 때 천천히 이야기를 나누어 보세요. 문제를 미루거나 그냥 내버려 두면 사태를 악화시킬 뿐입니다. 필요하다면 부부 모두가 존경하는 분이나 사제의 도움을 받아도 좋습니다. 아주 심각한 갈등이라면 부부 상담을 고려해 보세요. 갈등을 마주했을 때 부부 관계를 포기하겠다는 생각부터 하지 말고, 갈등을 해결할 수 있는 여러 방법을 찾아보길 바랍니다.

25

배우자의 말에 귀를 기울이세요

때때로 배우자가 싫은 소리를 하더라도 경청해 주세요.

배우자가 여러분의 잘못된 행동이나 나쁜 습관, 이기적인 성격 등을 지적하면 듣기 싫은 소리로만 여기고, 그저 피하려 하거나 심지어 그 문제의 원인을 배우자에게 돌릴 때도 있습니다. 하지만 그러한 결점을 직장 상사에게 듣는 것보다는 사랑하는 배우자에게 듣는 편이 훨씬 낫지 않을까요?

자신을 한번 돌아보세요. 새해 결심을 얼마나 잘 지키고 있나요? 목표한 만큼 몸무게를 감량했나요? 술 약속은 작년보다 줄었나요? 운동은 매일 하고 있나요? 내면을 가꾸는 일은요?

자존심은 마음 저 깊은 곳에 두고 배우자의 말에 귀를 기울여 주세요. 때로는 듣기 거북할 수도 있습니다. 그러나 결국에는 배우자에게 고마워하게 될 것입니다.

26

배우자에게 실망하는 순간을 두려워하지 마세요

살아가다 보면 배우자에게 실망할 때도 있습니다. 하지만 배우자가 여러분의 바람대로 행동하지 않았다고 해서 서로 잘 맞지 않는다는 의미로 생각해서는 안 됩니다.

세상에 완벽한 사람이란 없습니다. 배우자가 '나에게는' 완벽한 사람으로 보일지라도 말이지요. 자신과 배우자에 대한 현실적인 기대치를 설정하고 그에 맞춰 상대방을 보려고 노력한다면, 스스로도 과한 기대를 낮출 수 있고, 배우자도 부담을 덜 수 있습니다.

결혼 생활에서 겪는 문제를
위기가 아니라 기회로 받아들이세요

힘든 순간이겠지만,
앞으로 더 나은 방향으로 나아가는 기회가 될 수 있습니다.

고난을 겪지 않는 결혼 생활은 없습니다. 누구나 문제에 부딪힐 때가 있지요. 하지만 좋지 않은 일들이 일어난다고 해서, 이를 결혼 생활을 유지하는 데 문제가 생겼다는 신호로 받아들이지는 말아야 합니다. 고난의 때일수록 서로 이해하고, 문제를 해결하기 위해 서로 돕고 응원해야 합니다. 이런 어려움을 극복하고 난 뒤에 부부 사이가 얼마나 더 굳건해질지 생각해 보면, 좀 더 힘을 내어 눈앞의 장벽을 넘을 수 있습니다.

28

사람들 대부분은 자신에 대한 생각으로 거의 모든 시간을 보낸다는 것을 인지하세요

여러분의 배우자 역시 마찬가지입니다.
이를 받아들이면 배우자에게 실망하는 일이 줄어들 것입니다.

한번 생각해 보세요. 여러분이 배우자에게 최근의 관심사에 관해 신나게 이야기하는데, 잠깐 한숨 돌리는 사이 배우자가 자신의 고민에 대한 이야기로 주제를 바꾼 적이 있지 않나요? 배우자가 평소에 여러분의 말을 잘 들어 주었더라도 이러한 상황을 경험한 적이 있을 것입니다. 여러분의 말에 관심이 없는 것은 아니겠지만, 그때 배우자의 머릿속은 아마 자신의 문제나 고민으로 꽉 차 있던 것일 수 있습니다. 여러분의 일이 여러분에게 얼마나 중요하고 흥미로운 것인지 간에 세상은 여러분을 중심으로 돌아가지 않습니다. 특히 결혼 생활은 어느 한 사람이 아닌 부부 두 사람을 중심으로 돌아가지요.

때로는 배우자의 기운을
북돋아 주는 역할을 해 보세요

여러분이 기분이 안 좋아 축 처지는 날도 있을 테지만,
또 어떤 날은 배우자가 우울해하는 날도 있을 것입니다.
그런 날은 배우자가 유난히 까칠하거나 투덜거려도
참아 줄 수 있어야 합니다.

    배우자와 함께하는 매일이 완벽하게 행복할 수 있을까요? 당연히 그렇지는 않을 것입니다. 두 사람 모두 감정의 변화를 겪기에, 어떤 날은 기분이 좋지 않을 수도 있습니다. 하지만 배우자의 감정 변화를 오해해서는 안 됩니다. 누구나 기분이 안 좋은 날은 있기 마련이니까요. 그렇다고 해서 배우자의 기분에 따라 덩달아 우울해하는 것도 좋은 모습은 아닙니다. 이럴 때는 힘을 내어 상대방의 기분을 달래 주며 도움을 주도록 노력해 보세요. 서로가 서로에게 이러한 역할을 할 수 있다면, 두 사람의 관계는 더욱 깊어질 것입니다.

30

자신과 배우자는
서로 다르다는 걸 받아들이세요

두 사람이 각자 가진 욕구와 특성은 뚜렷이 다릅니다.
당연히 서로 다른 방식으로 반응하며,
원하는 것도, 잘하는 것도 모두 다를 수 있습니다.

혹시 배우자에게 "난 이렇게 속상한데, 당신은 괜찮아?"라고 말한 적이 있나요? 그럴 때 배우자가 자신의 감정을 표현하지 못했을 수도 있지만, 여러분과 감정이 달랐을 수도 있습니다. 하지만 배우자의 감정이 자신과 완전히 같을 것이라는 기대는 실망을 부를 수 있습니다. 오히려 감정이 서로 다른 덕분에 속상해하는 내 곁에서 침착하게 위로해 줄 사람이 있어 다행이라고 생각하는 것은 어떨까요?

만약 함께 여가를 즐기지 못하는 것이 문제라고 생각한다면, 남편이 좋아하는 등산을 아내가 따라가 보고, 아내가 좋아하는 드라마를 남편이 같이 보는 것도 함께 여가를 즐기기 위한 좋은 시도가 될 것입니다. 그러면서 조금씩 서로를 알아 가고, 서로에게 관심을 갖는다면 더욱 사이 좋은 부부가 될 것입니다.

31-37

먼저 행동하세요

배우자가 변화하도록 이끌어 주기 위해서는
자신이 먼저 행동해야 함을 기억합시다.

부부는 일생 동안 서로 사랑하고 존중하며,
혼인 때 서로 약속한 것처럼
"즐거울 때나 괴로울 때나 성할 때나 아플 때나"
모든 상황에서 서로 곁에 있어 주고 도와주어야 합니다.

YOUCAT 재단의 《DOCAT》 중에서

31

말하는 것의
두 배로 경청해 주세요

사람에게 입이 하나고 귀가 두 개인 것은
말하는 것보다 듣는 것이 더 중요하기 때문이라는 이야기가 있지요.
주변 사람들을 떠올려 보아도 늘 주의 깊게
경청하는 사람은 누구에게나 인정받음을 알 수 있습니다.

　경청의 중요성은 수없이 들어서 알고 있겠지만, 정말 배우자의 말에 '경청'하고 있는지 스스로를 잘 살펴봐야 합니다. 혹시라도 배우자에게 "내 말에 끼어들지 마!"라는 식으로 말한 적이 있거나, 배우자가 무슨 말을 할지 안다고 생각하고 그가 할 말을 먼저 해 버린 적이 있거나, 자기 할 말만 계속한 적이 있다면, 이제부터라도 배우자 말에 귀를 기울이도록 노력해 보세요. 여러분이 진심으로 경청하는 태도를 보인다면 배우자는 분명 고마워할 것입니다.

32

배우자의 말에
긍정의 반응을 보여 주세요

되도록 상대방의 의견에 동의해 주고,
긍정적인 대답을 하는 것이 좋습니다.

　다른 사람의 말에 부정적인 반응을 보이다 보면, 논쟁으로 이어지기 쉽습니다. 논쟁하면서 돈독한 사이가 되기란 어려운 일이지요. 특히 배우자와는 논쟁하지 않는 것이 좋습니다. 게다가 쾌감이나 우월감을 느끼기 위해 하는 논쟁이라면 더더욱 하지 말아야 합니다.

　작고 아담한 집에서 함께 사는 성모님과 요셉 성인을 상상해 보세요. 그분들이 다투셨을까요? 전혀 그렇지 않으셨을 것입니다. 열심히 일하시고, 열심히 기도하시며, 서로에게 그리고 주변 사람들에게 겸손하게 봉사하며 지내셨을 것입니다. 우리는 항상 성가정을 떠올리며 그분들을 본받도록 노력해야 합니다.

33

배우자에게
베푸는 연습을 하세요

식사를 치운 후에 물을 끓이러 가면서
배우자에게 말을 건네 보세요.
"나는 커피 한 잔 마실 건데, 당신도 뭐 마실래?"

배우자의 요구를 미리 예상해 보세요. 배우자의 잔이 반쯤 비었다면 배우자가 이를 알아차리기도 전에 잔을 채워 주세요. 그러면 배우자를 행복하게 할 뿐만 아니라 좋은 일을 했다는 생각에 여러분의 마음도 기쁠 것입니다. 사람의 마음을 움직이는 것은 예상치 못한 사소한 일들임을 기억하세요.

작은 길의 영성을 실천한 것으로 유명한 아기 예수의 데레사 성녀를 떠올려 보세요. 성녀는 작은 자비와 희생을 실천했고, 그를 통해 성인의 반열에 오를 수 있었습니다. 여러분도 배우자에게 아기 예수의 데레사 성녀와 같은 작은 자비의 행동들을 베풀어 보세요.

34

배우자의 사소한 문제들까지 통제하려 하지 마세요

사소한 문제들로 서로 힘을 낭비하거나 얼굴을 붉히지 마세요.
사소한 문제에서 상대방을 이기겠다는 욕심을
버리면 스트레스도 줄어들 것입니다.

결혼 생활에서는 사소한 문제들이 끊임없이 나타납니다. 그러한 문제를 인식하고 개선해 나가는 것도 중요하지만, 가장 중요한 것은 두 사람의 관계임을 기억해야 합니다.

배우자가 마지막 남은 초콜릿 아이스크림을 먹어 치웠다거나, 치약을 끝부분이 아닌 중간 부분부터 짰다며 흥분하지 마세요. 싸움으로 번지기만 할 뿐이니까요. 그럼에도 정말 사소한 문제로 말싸움이 벌어지면 그 문제에 좀 덜 민감한 사람이 그냥 져 주는 것이 좋습니다. 부부간에는 서로 넓은 마음을 지닐 필요가 있습니다.

35

배우자에 관해
늘 좋게 말해 주세요

다른 사람들에게 배우자에 관해 말할 때에는
항상 좋게 말하도록 신경 써야 합니다.

배우자에 관해 좋지 않게 말하는 것은 도리어 여러분을 어리석은 사람으로 보이게 하는 일입니다. 좋은 말이 전혀 떠오르지 않는다면 그냥 말을 자제하는 것도 좋은 방법입니다.

이는 여러분과 배우자가 다른 사람에게 어떻게 보이느냐의 문제일 뿐만 아니라, 배우자와의 관계가 어떻게 전개되느냐의 문제이기도 합니다. 만약 다른 사람과 대화하면서 배우자를 험담한다면 배우자와의 대화에서 어떤 식으로든 드러나기 마련입니다. 또한 배우자를 대하는 태도에도 영향을 줄 것입니다.

36

배우자의 부정적인 말을 마음에 담지 마세요

배우자에 관한 부정적인 생각을 반복하게 된다면,
그 생각에서 벗어나기 위해 의식적으로 노력하세요.
결혼 생활 중에 배우자에게 부정적인 생각을 품고 있어서
좋을 일은 하나도 없습니다.

여러분이 재채기하는 순간을 누군가 사진으로 찍었다고 생각해 보세요. 아마 우스꽝스러운 얼굴이 찍힌 그 사진을 몰래 버리고 싶을 거예요. 우리가 이야기를 하다 보면 때로는 마음에 없는 말을 하기도 합니다. 그냥 별생각 없이 툭 튀어나올 때가 있는 것이지요. 또 가끔은 컨디션이 좋지 않아서 평소와는 다르게 매몰찬 말과 행동이 나오기도 합니다. 만약 배우자가 평소와 다르게 상처 주는 말과 행동을 한다면, 그날은 컨디션이 좋지 않은 날일지도 모릅니다. 그럴 때는 배우자가 혼자 있는 시간을 가지도록 배려하는 것이 좋습니다. 그런 날의 배우자의 말과 행동은 재채기하는 순간에 찍힌 사진 같은 것이라 여기며, 그 사진은 그냥 버리고 그 일도 마음에서 잊어 주세요.

배우자에게 말을 건넬 때
부정적인 감정이 섞여 있는지 살펴보세요

그중에서도 특히 빈정거림이 들어 있지는 않은지
주의해야 합니다.

어떤 사람들은 빈정거림을 유머를 표현하는 형태라고 말하기도 합니다. 그러나 여러분도 누군가가 "그냥 농담이야." 하며 건넨 말 때문에 굉장히 마음 아파한 적이 있지 않나요? 다른 사람은 농담으로 건네는 말이 나에게는 상처가 되기도 하는 법이지요. 빈정거림도 마찬가지입니다. 혹시 자신이 평소에 빈정거림이 담긴 '농담'을 즐기는 사람이었다면, 앞으로는 말할 때 빈정거림이 섞이지 않도록 조심해야 합니다.

38-44

현명하게 문제를 해결하세요

이제 집안일에 대한 다툼을 끝냅시다.

사람들이 어려운 관계에 놓인 부부를 위해 조언을 청하면,
저는 그때마다 "기도하고 용서하십시오." 하고 대답합니다.
그리고 가족들과 어려운 관계에 놓인 젊은이들에게도
저는 "기도하고 용서하십시오." 하고 말합니다.
가족에게 도움을 받지 못하고 홀로 있는 어머니에게도
마찬가지로 "기도하고 용서하십시오." 하고 말합니다.

마더 데레사 성녀

서로에게 100퍼센트를 쏟아붓는 '100:100'의 결혼 생활을 목표로 하세요

우리는 이렇게 말할 수 있어야 합니다.
"당신을 위해 최선을 다할게. 당신도 나를 위해 최선을 다해 줘."
각자 절반만 행하는 '50:50'의 결혼 생활은
서로를 믿지 못하는 사람들이 선택하는 것이지요.

상대방에게 항상 100퍼센트를 준다는 것은 어떠한 상황에서도 최선을 다한다는 의미입니다. 그것이 집안일이든 결혼 생활에서 겪는 어떤 문제든 항상 자신의 100퍼센트를 행한다는 의미이지요.

이 말은 힘든 하루를 보낸 배우자가 여러분과 함께 시간을 보내기를 원한다면, 친구들과의 약속도 미룰 수 있다는 의미입니다. 또 마음에 들지 않더라도 배우자가 자기 방식대로 빨래를 개도록 두거나, 텔레비전 채널을 마음대로 고르도록 둔다는 뜻이기도 합니다. 다른 무엇보다도 배우자에 대한 사랑을 가장 우선으로 하겠다고 결심한다면, 결혼 생활이 완전히 달라질 수 있습니다.

39

배우자에게 관대해지세요

비록 어떤 이유로든 배우자가 여러분에게 최선을 다하지 못했더라도 "내가 이렇게 했으니, 당신도 이렇게 해 줘." 하는 태도를 버리고 배우자에게 관대해지세요. 작은 것으로 재고 따지며 상대방에게 불평만 하며 보내기에는 결혼 생활이 너무 소중하지 않나요?

사람은 누구나 바람을 갖고 있습니다. 그건 여러분도 여러분의 배우자도 마찬가지이지요. 그 바람은 때로 채워지기도 하고, 때로는 채워지지 못한 채 남겨질 때도 있습니다. 자신의 바람이 채워지길 원한다면, 배우자의 바람 역시 존중하고 이해해 주세요. 그리고 여러분이 도움을 요청할 때 배우자가 최선을 다해 도와줄 것임을 믿으며, 여러분도 할 수 있는 한 최선을 다해 배우자를 도와주세요.

40

좋은 관계를 이루기 위해서는
시간을 들여야 합니다

때로는 몸이 아프다거나 다른 일이 너무 바쁘다는 이유로
배우자에게 신경을 쓰지 못할 때도 있을 것입니다.
하지만 배우자에게 보인 태도는 관계에도 영향을 줍니다.

좋은 관계를 이루기 위해서는 시간을 들여 꾸준히 노력해야 합니다. 하지만 어쩔 수 없는 사정으로 그렇게 할 수 없을 때도 있을 것입니다. 여러분은 완벽하지 않기 때문이고, 이는 배우자도 마찬가지입니다. 이 사실을 기억하면서, 배우자와 좋은 관계를 이루기 위해 할 수 있는 모든 일을 하고, 그 노력이 결실을 맺기를 희망해야 합니다.

41

서로의 차이를
합리적으로 고려하세요

어쩌면 배우자가 집안일을 좋아하고 인내심까지 많은
사람일 수도 있습니다. 하지만 많은 경우에는
배우자가 집안일에 관심이 있을 거라고 기대하기는 어렵지요.

배우자 덕분에 여러분이 집안일을 할 필요가 없어서 좋을 때가 분명 있을 것입니다. 마찬가지로 어떤 일들은 여러분이 하고 있기에 배우자가 고마워하는 경우도 있을 것입니다. 하지만 두 사람 모두 하기 싫어하는 일도 있겠지요. 그러한 일은 서로 타협해 보세요. 교대로 하거나 함께하는 등 모두가 만족할 만한 방식을 찾아가면 됩니다. 싫은 일을 그저 하지 않거나 서로에게 미루기보다 합리적으로 해결해 나가다 보면 둘만의 노하우도 생길 것입니다.

42

기회가 있을 때마다
배우자를 칭찬하세요

칭찬을 좋아하지 않는 사람은 없습니다.
여러분의 배우자도 마찬가지입니다.

잘 찾아보면 배우자를 칭찬할 거리는 얼마든지 있습니다. 집에 돌아와 외투를 바닥에 던지지 않고 옷걸이에 걸어 둘 때, 우유가 떨어진 것을 알고 사다 놓았을 때 등 사소한 것이라도 발견하고 칭찬해 주는 연습을 해 보세요.

배우자가 평소보다 특별히 애를 쓴 경우에는 더욱더 칭찬해 주세요. 특별한 노력이 아무런 주목도 보상도 없이 끝나게 하지 마세요. 그리고 여러분도 배우자를 위해 특별한 노력들을 해 봅시다.

43

서로 다른 일에 관심이 있다는
사실을 받아들이세요

그리고 상대방의 관심사를 인정해 주세요.

저는 야구를 좋아하지 않습니다. 그러나 남편에게는 프로 야구 시즌이 1년 중 가장 행복한 시기입니다. 한창 텔레비전에서 야구 경기가 중계될 때에는 저녁 메뉴를 고민하는 제게 온갖 전문 용어를 동원하여 야구에 관해 신나게 떠드는 남편의 수다를 참아야 합니다. 지루한 이야기를 참고 듣는 것은 힘든 일이지만, 남편이 야구에 관해 이야기하고 싶어 한다는 것 또한 잘 압니다. 또 조금이나마 이야기를 들어줄 사람이 지금 당장 주변에 저밖에 없다는 것도 알고 있지요.

여러분도 배우자의 관심사를 받아들이고 지지해 주세요. 누군가를 좋아한다는 것은, 자신과 다른 상대방의 모습도 좋아해야 하는 것이니까요.

44

부부 사이에서는
손해를 따지지 마세요

배우자가 무언가를 해 달라고 할 때
자신이 최근에 배우자에게 신세진 일이 있었는지,
배우자가 최근에 나를 위해 무엇을 해 주었는지 등을 따지지 마세요.

 "생각하지 말고 그냥 하라."는 말은 대부분의 상황에서는 좋지 않은 충고일 수 있습니다. 그러나 배우자가 여러분에게 무언가를 요구할 때 이 말은 따라야 할 격언이 되지요. 그저 "좋아."라고 말하면서 배우자를 위해 대가 없이 베풀어 주세요.

45-55

부부 사이의 다툼을 줄이세요

때로는 지는 것이 이기는 것임을 기억하세요.

미움은 싸움을 일으키지만 사랑은 모든 허물을 덮어 준다.

잠언 10,12

45

어떤 다툼에는 더 깊은 다른 문제가 있음을 깨달으세요

저녁에 뭘 먹을지, 서랍에 양말을 어떻게 정리할지에 관해 싸운다면,
그 싸움은 사실 메뉴와 양말에 관한 문제가 아닐 수도 있습니다.

때때로 말싸움은 겉으로 드러나길 기다리면서 숨어 있는 더 깊은 문제와 관련되어 있습니다. 만약 배우자가 여러분이 사용한 물컵을 설거지통에 넣지 않았다는 이유로 크게 화를 낸다면 오히려 이때가 "요즘 나 때문에 힘든 게 있으면 말해 줄래?"라고 물어야 할 시점인지도 모릅니다. 이미 배우자에게 분노가 잔뜩 쌓인 상태라면 관계가 더 악화되기 전에 드러내 놓고 솔직하게 이야기를 나눌 필요가 있습니다. "모든 답은 대화에 있다."라는 오랜 격언은 건강하고 행복한 결혼 생활을 위해 늘 기억해야 할 교훈이지요.

사소한 문제는 배우자의 의견에 따라 주세요

중요하지 않은 논쟁에서 이기려고 욕심부리는 것은
자신이 강하다는 증거가 아니라, 약하다는 증거입니다.

사소한 문제에서도 자신이 옳다는 걸 인정받기 위해서 혹은 그저 이기기 위해서 배우자와 싸운다면, 잠시 시간을 갖고 자신이 얻고자 하는 것이 무엇인지 살펴보세요. 곰곰이 생각해 보면 얼마나 어리석은 행동이었는지 깨닫게 될 것입니다. 사소한 논쟁에서 이기는 것보다 배우자를 사랑하는 것이 먼저가 되어야 하지 않을까요?

다툼이 있을 때마다
무조건 이기려 들지 마세요

이렇게 행동하는 사람과는
함께 지내기가 아주 어렵습니다.

아마도 여러분은 위의 문장이 어떤 부류의 사람을 두고 하는 이야기인지 잘 알 것입니다. 이들은 아는 체하기를 좋아하고, 단지 재미로, 또는 자신이 옳다는 걸 드러내려고 논쟁을 시작하는 경향이 있습니다. 여러분은 그런 사람이 되지 말아야 합니다. 만약 다른 사람이 옳다면 그 사람이 이기도록 두세요. 그러면 여러분은 이긴 사람은 되지 못할지언정 친구나 배우자를 잃지는 않을 것입니다.

48

때로는 배우자에게
그냥 져 주세요

배우자가 부부 싸움에서 이길 경우에
일어날 수 있는 최악의 일은 무엇일까요?

조금만 깊게 생각해 보면 이기고 지는 문제는 그리 중요하지 않음을 깨달을 것입니다. 배우자의 말을 받아들이고 인정해 주세요. 결혼 생활의 평화를 지키기 위해 사소한 문제에서 져 주는 사람이야말로 진정한 승자임을 알아야 합니다. 가장 큰 승리는 먼저 져 줄 때 얻게 되기도 합니다.

배우자와 다툴 때
승패와 자존감을 분리해 주세요

만약 여러분이 늘 원하는 걸 얻어야 하는 사람이고,
상대방이 항상 자신이 옳다고 인정해 주어야
자존감이 지켜진다고 생각한다면,
여러분의 그 자존감은 언제라도 무너지고 말 것입니다.

사실 여러분의 자존감은 논쟁의 승패가 아니라 하느님의 사랑받는 존재라는 사실에 기반을 두어야 합니다. 사소한 다툼에서 이기고 지는 문제가 여러분의 정체성과 자존감 등을 규정짓게 하지 마세요.

50

배우자는 적이 아니라 인생의 동반자임을 기억하세요

부부는 눈앞에 닥친 문제를 해결하기 위해
함께 협력할 방법을 찾아야 합니다.
반드시 해결해야 할 중요한 문제라면 누가 이기느냐보다
어떻게 해결하느냐가 더 중요하지요.

배우자는 여러분이 인생을 사는 동안 도움을 주고 함께 삶을 공유하는 존재입니다. 몸이 아플 때, 가게에서 꼭 사와야 할 물건이 있을 때, 직장에서 겪은 힘든 일을 하소연하고 싶을 때, 병뚜껑이 열리지 않을 때 여러분의 곁에는 배우자가 있지요. 두 사람은 서로를 돕기 위해 함께하기로 결심한 것입니다. 배우자가 여러분을 사랑하는 것처럼 진심으로 사랑해 줄 사람이 이 세상에 또 없을 수도 있음을 기억해야 합니다. 왜 사소한 말다툼 때문에 이렇게 소중한 관계를 망치려 하나요? 서로 진심으로 아끼고 사랑하며 행복한 결혼 생활을 이루어 보세요.

51

배우자가 여러분과 다른 의견을 낼 때 "생각해 볼게."라고 말하는 습관을 들이세요

이 말은 여러분이 충분히 생각하고 의견을 말할 수 있도록
시간을 벌어 줍니다.

이 말은 성급하게 자신의 의견만을 내세우지 않고 천천히 상대방의 의견을 생각하겠다는 말이기도 합니다. 혹은 잠시 혼자 있을 시간을 가지겠다는 의미일 수도 있지요. 만약 그렇다면 배우자에게 곧 다시 돌아올 것임을 확실히 알려야 합니다. 이렇게 말함으로써 나중에 후회할지도 모를 경솔한 말을 내뱉기 전에 충분히 생각할 시간을 가지도록 해 보세요. 그러한 습관을 들이면 배우자의 의견을 진지하게 경청하고 숙고하여 서로에게 더 좋은 선택을 하게 될 뿐만 아니라, 부부 관계가 발전적인 방향으로 나아가게 될 것입니다.

52

그 어떤 상황에서라도 배우자에게 함부로 말하지 않도록 주의하세요

한창 논쟁이 오갈 때라도, 또 아무리 화가 났을 때라도
배우자에게 함부로 말해서는 안 됩니다.

특히 배우자의 성격을 콕 지적해서 말하는 것은 피해야 합니다. 이는 부부 관계를 망치는 결과로 이어질 수 있기 때문입니다. 상대방의 성격을 공격하는 것은 오히려 자신의 미숙함을 드러내는 것일 뿐, 논쟁에 아무런 도움이 되지 않습니다.

또한 '당신은 늘', '당신은 절대' 등의 단정적인 표현을 쓰지 않아야 합니다. 이런 표현들은 문제를 해결하기보다 더 큰 문제를 일으킬 수 있습니다. 싸움을 확대시키면 더 되돌리기가 어려워집니다. 아무리 감정적인 상태가 되었더라도 말을 고르면서 단정적인 표현을 쓰지 않도록 주의하세요.

53

배우자를 다른 사람과
비교하지 마세요

비교하다 보면 싸움이 커질 수 있습니다.

　배우자와 다투다가 배우자를 다른 사람과 비교하는 경우가 있습니다. 다투는 동안 아드레날린이 분비되어 이성적인 판단을 하기 어려워지다 보니 평소라면 하지 않을 말을 하게 되는 것이지요. 하지만 비교하는 말은 관계를 악화시킬 뿐입니다.

　그럴 때는 차라리 밖으로 나가 조깅이라도 하며 마음을 가라앉혀 보세요. 열기도 식히고 운동도 하는 좋은 기회가 될 수 있습니다. 만일 나가기가 어렵다면 방문을 닫고 스트레칭이라도 해 보세요. 다양한 방법으로 몸을 움직이다 보면 기분이 한결 좋아질 것입니다. 일단 마음을 진정시킨 후에 다시 논쟁으로 돌아가는 것이 좋습니다.

54

다투는 동안에는
배우자를 가르치려 들지 마세요

그것이 조언이든 제안이든 삼가는 것이 좋습니다.

사람들은 자신에 대해 부정적인 말을 들으면 거부감을 갖기 마련입니다. 이런 말은 분위기가 좋을 때조차 역효과를 내기 쉬운데, 다투는 중일 때는 더욱 그렇지요. 그러니 먼저 흥분을 가라앉히고, 입에 맴도는 말이 정말 해야 할 말인지 스스로에게 질문해 보세요. 그래야 하고 싶은 말이 싸움 중에 생긴 분노 때문인지, 아니면 상대방에게 정말 필요한 조언이라고 여겨서인지 알게 될 것입니다. 하지만 후자의 경우라도 여러분의 생각이 적절하게 전달될 다음 기회를 기다리는 것이 더 좋습니다. 가능한 둘 다 차분해진 상태에서 조심스럽게 말을 꺼내고 그 말에는 자신도 포함시키는 것이 바람직합니다. "내 생각에 이런 부분은 우리가 함께 노력해야 할 것 같아."

55

배우자에게 하고 싶은 말을
자신에게 먼저 해 보세요

우리는 배우자가 자신의 생각대로 행동하기를 바라며
말할 때가 많습니다.

배우자에게 말하기에 앞서 먼저 자신을 돌아봐야 합니다. '내가 좀 더 편안해지기 위해 배우자의 변화를 원하는 것은 아닐까? 이 변화가 정말 배우자를 위한 것일까?' 하고 말이지요. 사실 배우자와의 관계 개선을 위해 오히려 변화가 필요한 건 '여러분' 자신일지도 모릅니다. 만약 배우자가 여러분에게 변화를 요구한다면 어떤 모습을 이야기할까요? 배우자가 요구하기 전에 먼저 알아채고 변화한다면, 배우자도 자신에게 바꿔야 할 부분이 있는지 스스로를 돌아보게 될 것입니다.

56-58

다툼에서 오는
스트레스를 피하세요

다툼이 주는 부정적인 영향을 깨닫고,
다툼을 줄이기 위해 노력해야 합니다.

부부의 사랑은 진정 하루를 버티게 하는 빵입니다.
삶을 살아가게 만드는 영혼의 참된 빵이고말고요!

프란치스코 교황의 《뒷담화만 하지 않아도 성인이 됩니다》 중에서

56

배우자와 다툴 때
신체에 변화가 생긴다는 것을 인식하세요

싸우는 동안에는 스트레스 호르몬의 수치가 증가합니다.
싸우는 중에 피가 거꾸로 솟는 듯한 느낌이 든다면,
그건 정확하게 느끼고 있는 것이지요.

이는 말 그대로 다툼이 수명을 몇 년 단축시킬 수 있다는 뜻입니다. 그러니 분노가 커지고 싸워야겠다는 생각이 들 때는 이 상황이 자신의 몸에 좋지 않다는 것도 함께 기억하세요. 배우자와의 다툼을 줄이면 여러분의 몸과 결혼 생활을 건강하게 유지하는 데 도움이 될 것입니다.

57

다투는 동안 얼마나 스트레스를 받는지 스스로를 돌아보세요

오하이오 주립대학교 연구진들은 다투는 동안 스트레스 호르몬의 수치가 높은 부부일수록 이혼율이 더 높아진다는 결과를 내놓았습니다.

만약 싸움을 피할 수가 없는 상황이라면 스트레스를 낮출 수 있는 방법을 고민해 보세요. 평소에 스트레스를 낮추는 자신만의 방법을 찾아 두는 것이 좋습니다.

가벼운 운동을 하거나, 와인 한 잔을 마시거나, 따뜻한 물에 몸을 담그는 것은 어떤가요? 또한 자신이 어떤 스트레스를 받을 때 가장 힘든지, 그것을 피하는 방법은 무엇인지 생각할 시간을 갖는 것이 좋습니다. 혹시 직장이 문제라면 변화가 필요한 시기인지도 모릅니다. 만약 배우자가 문제라면 상담을 받거나 앞서 언급한 스트레스를 줄이는 행동들을 해 보는 것도 좋습니다. 부부가 함께 서로의 스트레스를 줄일 방법을 찾아보세요.

스트레스를 받는 정도에
서로 차이가 있음을 기억하세요

싸우고 난 다음 날, 여성이 남성에 비해
스트레스 호르몬 수치가 높게 나타나는 경향이 있습니다.
만약 부부가 다투었다면, 아내는 남편과 싸우는 것만큼이나
자신의 신체와도 싸우는 셈이 됩니다.

그러니 남성들은 싸운 다음 날이라고 안심하지 말고 아내의 심기를 살피며 주의를 기울이세요. 그렇지 않으면 싸움이 다시 시작될 수도 있고, 평소의 일상으로 돌아오기까지 더 오랜 시간이 걸릴지도 모릅니다. 그렇다고 아내를 탓해서는 안 됩니다. 남성들이 느끼는 괴로움만큼, 아니 그보다 더 큰 괴로움을 아내가 느끼고 있기 때문입니다.

여성들은 싸운 다음 날에도 여전히 분노를 느낀다면, 다시 싸우겠다고 다짐하는 대신에 이 감정은 자신의 신체 특성 때문임을 먼저 떠올려 주세요.

59-66

배우자의 비판에 지혜롭게 맞서세요

배우자는 나의 성격을 통찰하게 하는 훌륭한 거울입니다.
따라서 배우자의 말을 경청하기만 해도
자신에 대해 많은 것을 깨달을 수 있습니다.

다른 사람을 사랑한다는 것은,
하느님이 만드신 그대로 그를 바라보는 것입니다.

도스토옙스키

59

배우자가 비판할 때는
자신을 보호하세요

배우자가 화를 내거나 비판할 때가 있습니다.
그럴 때에는 자신이 큰 단지 안에 있다고 상상해 보세요.
주변에서 일어나는 일을 관찰할 수 있지만,
자신에게 상처 주는 것은 들어올 수 없게 보호받고 있다고 말이지요.
이렇게 배우자의 말을 차분히 경청할 수 있는 심리적 공간을 마련해 보세요.

배우자의 비판을 듣는 것이 배우고 성장하는 기회가 될 수 있겠지만, 힘들고 고통스러운 일이라는 것은 분명하지요. 그럴 때에는 심리적 공간을 만들고 스스로를 보호해 보세요. 이렇게 함으로써 상황을 객관적으로 볼 수 있게 됩니다.

여러분과 배우자의 대화가 텔레비전에서 펼쳐지고 있고, 여러분이 이를 시청한다고 생각해 보세요. 만약 여러분이 작가라면 최선의 결과를 내기 위해 다음 장면을 어떻게 쓸지도 생각해 보세요. 배우자와의 대화에 적극적으로 임하면서 배우자의 이야기 중에서 가치 있다고 생각되는 것을 받아들이기만 해도 둘의 관계는 점차 나아질 것입니다.

60

메시지를 전달하는 방식이 아니라 메시지 자체에 귀를 기울이세요

배우자가 화가 나고 짜증이 난 상태에서 던진 말이라도
그 말이 옳은 말일 수도 있습니다. 그럴 때에는 이를 악물고
주먹을 꽉 쥔 배우자의 모습보다는
배우자가 말하는 내용 자체에만 집중해 보세요.

배우자의 말을 주의 깊게 경청하는 한편, 자신을 객관적으로 보기 위해 노력하세요. 하나하나 마음에 담아 둔 채 배우자에게 부정적으로 반응하고 싶다는 생각이 든다면 그 생각 또한 객관적으로 보세요. 이때 여러분이 보고 듣는 내용 중에서 배우자의 감정이나 전달 방식보다 메시지에만 주목하다 보면 실제로 문제 해결을 위해 해야 할 일을 발견할 수 있습니다.

61

배우자가 하는 모든 말을
마음에 담지 마세요

특히 배우자가 부정적인 말을 할 때는
흘려보내는 요령도 필요합니다.

　상황이 험악해지면 우리는 마음에도 없는 말을 할 때가 있습니다. 때로는 그저 분노를 삭이기 위해, 또는 결정적인 한마디를 하기 위해 이런저런 말을 할 수도 있지요. 이런 상황에서 배우자가 하는 말은 한 귀로 듣고 한 귀로 흘려보내는 것이 현명합니다. 하지만 그런 때일수록 여러분은 함부로 말하지 않기 위해 주의해야 합니다.

62

배우자가 무슨 말을 하려는 것인지
온 관심을 기울여 알아내 보세요

배우자는 자신이 옳다고 믿거나 생각하고 느끼는 것을 말할 것입니다.
그에 관해 여러분이 반드시 동의할 필요는 없지요.

누구나 자신만의 생각과 느낌을 갖고 있습니다. 따라서 어떤 상황에서 배우자가 자신의 방식대로 생각하고 느끼고, 그것을 말한다고 해서 배우자를 탓할 수는 없는 일이지요. 하지만 여러분이 배우자를 이해해 보려고 노력하는 것은 서로에게 큰 도움이 될 것입니다.

63

다툼 중에 자신이
흥분했다고 느껴지면 잠시 멈추세요

그런 후에 상대방이 한 말을 고려해 보겠다고
배우자와 스스로에게 약속하세요.

잠깐 한숨을 돌리면서 어떤 말을 주고받았는지 되돌아보세요. 그러고 나서 침착하면서도 공정한 대응 방법을 생각해 보면 논쟁이 더 커지는 일을 막을 수 있습니다. 더 이야기할 것 없이 배우자에게 우선은 이렇게만 말하세요. "당신 의견은 잘 들었어. 생각해 보고 가능한 빨리 답해 줄게."

64

자신에 대한 배우자의 말을, 자신을 돌아보는 기회로 삼으세요

배우자가 여러분에게 잔소리가 심하다고 하면 어떤 기분인가요?
또는 집안일을 전혀 거들지 않는다고 하면 어떤 기분인가요?
하지만 이는 그저 감정적인 문제일 뿐입니다.

예를 들어 배우자가 여러분에게 "당신은 바가지를 너무 긁어." 라고 한다면 여러분은 배우자에게 "그렇지 않아!"라고 대답할 수도 있습니다. 그러나 그렇게 말한다고 해서 배우자의 생각이 변하지는 않습니다. 잠시 시간을 갖고 이 문제를 생각해 보세요. 이 문제를 스스로 인정하느냐 마느냐는 그다지 중요하지 않습니다. 배우자가 어떻게 생각하는지가 중요한 것이지요. 만약 관계가 더 좋아지길 원한다면, 어떻게 해야 배우자의 생각을 변화시킬 수 있을지를 고민해 보세요.

65

다툼을 통해 자신이
변화해야 할 때는 아닌지 생각해 보세요

배우자가 말하는 불평이 옳다고 생각하나요?
또한 배우자의 요구를 들어줄 수 있나요?
최대한 자신에게 솔직해져서 생각해 보세요.

 배우자의 말을 듣고 자신이 변해야 할 필요가 있다고 금방 인정하는 사람은 아마 거의 없을 것입니다. 그러나 배우자의 말 때문이 아니라 여러분 스스로가 지금 변해야겠다고 진지하게 생각한다면, 그 범위를 정해야 합니다. 그리고 범위를 정하는 것은 배우자가 아닌, 바로 여러분 스스로가 해야 할 일이지요. 누구라도 상대방을 변화시키는 일은 어렵습니다. 하지만 스스로를 변화시키는 것은 그보다는 쉬운 일이지요. 여러분은 바로 자기 자신을 위해 그리고 배우자와의 관계를 위해 스스로 변화하고 발전하겠다고 다짐해야 합니다. 변화를 위해서는 이렇게 다짐으로 시작하는 것이 가장 중요합니다.

66

배우자에게
동의와 공감을 표현하세요

가능하다면 배우자의 말이 옳다고 해 주세요.
혹시 배우자의 주장에 동의할 수는 없더라도,
감정에는 공감해 주세요.

그렇게 하는 것이 힘들 수도 있습니다. 하지만 배우자에게 너그럽게 대하는 태도는 언제 폭발할지 모를 상황을 빠르고 간단하게 무마시키는 놀라운 힘을 갖고 있습니다. 여러분이 배우자에게 너그러운 태도를 보이며 잘 동의하고 공감해 준다면, 배우자도 자신의 태도를 되돌아보고, 여러분의 마음을 헤아리려고 할 것입니다. 그러면 사소한 말다툼은 좋은 관계를 다지는 생산적인 대화로 점차 바뀔 것입니다.

67-76

긍정적인 생각으로
마음을 채워 보세요

자신의 감정을 잘 조절하면, 결혼 생활이 더 행복해집니다.

유머는 모든 사회적 관계에서, 심지어 가장 친밀한 관계에서도 도움이 됩니다. 결혼과 육아를 전공한 심리학자 존 가트맨은 7년 이상 된 부부에게서 이혼을 예측할 수 있는 변함없는 단서는 웃음이 사라지는 것이라고 합니다. "우리의 결혼은 오직 우리가 함께 웃는 동안에만 유효하다."

제임스 마틴 신부의 《성자처럼 즐겨라!》 중에서

67

스킨십을
하세요

신체 접촉은 스트레스를 줄여 줍니다.

    부부 사이의 문제에 관해 이야기해야 할 때는 소파에 나란히 앉아서 대화해 보세요. 좁은 공간에 가까이 있으면 팔과 무릎이 서로 닿기도 하고 발이 부딪힐 수도 있지요. 이렇게 신체적으로 가까우면 아무래도 서로에게 소리 지르기가 훨씬 어려워집니다. 게다가 아주 사소한 스킨십이라도, 몸이 닿으면 긴장감이 줄어들게 됩니다. 서로 먼 거리를 두고 마주할 때보다 소파에 나란히 앉아 있을 때 두 사람의 소통이 훨씬 매끄럽게 이루어질 것입니다.

68
배우자가 준비되어 있을 때 스킨십을 청하세요

배우자에 대한 배려 없이 일방적으로 애정 표현을 요구하지 마세요.

배우자에게 아무 때나 다가가 스킨십을 요구해서는 안 됩니다. 상대방의 기분과 감정을 배려하지 않은 채 애정 표현을 강요하면 오히려 상대방과 멀어질 수도 있습니다. 천천히 서로의 감정을 나누도록 해 보세요.

69

다투기에 적절하지 않은 상황은 피하세요

그런 상황에서는 문제를 차분하게 의논할 수 있는
다음 기회를 계획하는 것이 더 현명합니다.

논쟁하기에 적절하지 않은 시간들이 있습니다. 퇴근하고 막 집에 왔을 때, 둘 다 허기진 저녁 식사 직전, 늦은 밤 잠들기 직전 등이 그렇지요. 이런 상황에서 "화난 채로 잠자리에 들지 마라."는 말은 좋은 충고가 아닙니다. 피곤할 때는 이성적으로 명쾌하게 생각하기 힘든 법이니까요. 그럴 때에는 논쟁을 뒤로 미루고 마음을 진정시킨 후에, 이성적으로 입장을 정리할 시간을 갖는 것이 낫습니다. 그 대신, 다시 논쟁으로 돌아가야 할 때는 솔직하게 마음을 열고, 기꺼이 경청해야 한다는 것을 꼭 기억하세요.

70
자신이 원하는 것이 무엇인지 명확하게 파악하세요

논쟁의 주제에 부담을 느낄수록 자신이 지금 무엇을 하고 싶은지 스스로에게 충분히 질문하고 생각해야 합니다.

어쩌면 여러분은 단지 그 자리를 벗어나고 싶을 수도 있고, 드라이브를 하러 가거나 기도할 곳을 찾아가고 싶을 수도 있습니다. 자신은 알기 어렵다고 생각해도 사실 마음 깊은 곳에서는 자신이 무엇을 원하는지 어느 정도 답이 내려져 있을 것입니다. 그러니 시간을 두고 깊이 생각해 보세요.

71

서로 감정이 격해질 때 화제를 돌리려는 배우자의 노력에 동참해 주세요

문제를 회피하려 한다며 배우자를 나무라지 마세요.
'화제 전환'은 감정이 격해진 상황에서 할 수 있는
가장 바람직한 방법일 수도 있습니다.

갑작스러운 화제 전환에 처음에는 당황스러울 수도 있겠지만, 잠시 멈추고, 호흡을 가다듬고, 대화의 흐름을 따라가 보세요. 그러면서 격해진 감정을 누그러뜨리고 자신의 생각을 정리해 보세요. 그렇게 하면 훨씬 더 좋은 대화가 이루어질 것입니다. 다툼이 한창일 때 배우자가 농담으로 긴장을 풀어 주려 한다면, 이는 다툼이 끝나 간다는 좋은 신호일 수도 있습니다.

72

다투고 난 뒤에
기분이 전환될 만한 활동을 해 보세요

다투고 난 뒤에, 조용히 혼자 생각에 잠겨 있다면
배우자에 대한 불평이나 싸움의 내용을
되새김질하기 십상입니다.

    다툰 후에는 사고를 전환하고 기분이 새로워질 만한 일을 찾아 실천해 보세요. 좋아하는 책을 읽으며 다른 곳으로 주의를 돌려도 좋고, 잠시 텔레비전을 시청하거나 인터넷을 검색해도 좋습니다. 특히 산책을 하거나 청소를 하는 등 몸을 움직이는 활동을 하면 기분 전환에 큰 도움이 되지요.

    그런 후에 30분 정도 앉아서 배우자에게 하고 싶은 말을 생각해 보세요. 때가 되면 차분하고 다정한 태도로 자신의 생각을 더 잘 표현할 수 있을 것입니다.

다툰 후에
노래를 해 보세요

우리는 다툰 후에, 부정적인 생각에 사로잡힐 때가 많습니다.
그럴 때 그러한 생각에서 벗어나게 해 주는 손쉬운 방법이 있습니다.

 신경 과학자들의 연구에 따르면, 노래는 사람의 좌뇌와 우뇌를 모두 사용하게 하여 부정적인 생각에 빠져 있지 않도록 도와준다고 합니다. 처음에는 평소에 부르기 좋아하는 노래부터 시작하면 좋습니다. 그러다가 신나는 댄스곡이며 트로트까지 부르게 되면 부정적인 생각에서 조금은 벗어난 자신을 깨닫게 될 것입니다.

74

잠자리에서 다투었다면
자리를 떠나지 마세요

다툰 후라고 해도 같은 공간에
있는 것이 좋습니다.

 부부 사이에서 물리적인 거리가 생기면 그만큼 마음의 거리도 생깁니다. 다툰 후에라도 마음의 거리가 생기지 않도록 되도록 같은 공간에 함께 있어 주세요. 특히 부부는 잠자리에서 다투었더라도 서로 떨어진 채로 잠이 들어서는 안 됩니다. 화해로 다가가는 길이 너무 멀어지지 않도록 서로 조금씩 신경을 써 주세요.

배우자와 다툰 후에
기도를 드려 보세요

자리에 누웠지만, 배우자에게 화가 난 일을 생각하느라
잠이 오지 않는다면 일어나 기도해 보세요.

지금 화가 난 문제에 관해서만 기도할 것이 아니라, 힘든 시간을 보내고 있는 수많은 사람들을 위해서도 기도해 보세요. 주변의 가까운 사람들을 떠올려도 좋고, 전 세계 곳곳에 있는 간절한 기도가 필요한 사람들을 생각하며 기도해도 좋습니다. 그러다 보면 마음의 안정을 찾는 데 도움이 될 뿐만 아니라 자신의 문제를 객관적으로 볼 수 있게 됩니다. 주님과 성모님께 자신을 인도해 주시기를 청해 보세요.

배우자에 관한
좋은 기억을 떠올려 보세요

배우자가 해 준 일이나 즐거운 추억 등
어떤 것이어도 좋습니다.

다툰 날이나, 결혼 생활이 힘들게 느껴지는 날에는 처음 데이트하던 날의 설렘, 기쁨에 가슴이 뛰던 결혼식 날을 떠올려 보세요. 부부간에 건네는 "감사합니다.", "사랑합니다."라는 말이 어색해지지 않도록 꾸준히 마음을 전해야 합니다. 두 사람은 서로가 서로에게 반드시 필요했기에, 무엇보다 진실한 사랑이 있었기에, 결혼을 결심하지 않았나요? 마음이 지치거나 무뎌져 가는 듯한 날에는 배우자와 결혼하려고 마음먹은 이유들을 떠올려 보세요.

77-80

슬기롭게 도움을 청하세요

여러분이 모든 일을 도맡아 해야 할 필요는 없습니다.
힘이 들 때는 도움을 청하고
배우자의 도움을 받을 수 있으니까요.

결혼은 온 생애에 걸쳐 항상 '손에 손을 잡고' 가는 것입니다.

프란치스코 교황

77

도움을 청하는 것이
어려운 일은 아님을 기억하세요

그저 간단하게 이렇게 말하는 것만으로도
배우자에게 도움을 청할 수 있습니다.
"내게 매우 중요한 일이야. 좀 도와줄 수 있을까?"

사람은 누구나 다른 사람에게 도움을 주는 존재가 되고 싶어 하고, 또한 상대방에게 꼭 필요한 존재가 되고 싶어 합니다. 더군다나 불평하거나 징징대면서 하는 부탁이 아니라, 이성적으로 공손하게 제안하는 부탁이라면 더욱더 도와주고 싶을 것입니다. 이를 기억하면서 배우자에게 도움을 청해 보세요.

배우자에게 의존하려는 태도를 줄이세요

자신의 일은 자신이 주체적으로 하도록 노력하세요.
그래도 하기 어렵다면 배우자에게 이렇게 청해 보세요.
"내가 해 보려고 했지만 아무래도 어려워. 좋은 생각 있어?"

이렇게 말하는 것이 "이것 좀 해 줘."라고 말하는 것보다 훨씬 좋은 결과를 가져올 것입니다. '나는 잘 모르겠으니 알아서 해 달라'는 태도보다 '내가 해 볼 테니 그렇게 할 수 있도록 도와 달라'는 태도를 보이면 배우자가 더 기분 좋게 도울 수 있게 됩니다.

79

도움을 청할 때는
자신의 상황을 먼저 설명하세요

"나도 정말 피곤하지만,
이 일은 끝내고 싶어서 노력하고 있어.
당신이 도와줄 수 있을까?"

이 문장을 기억하세요! 다음과 같이 말하는 것보다 얼마나 더 효과적인지도 생각해 보면서요. "왜 도와주지 않는 거야? 나 지금 힘든 거 안 보여? 당신은 아무것도 안 하잖아!" 어떻게 말하는 것이 여러분이 원하는 결과를 가져올까요?

80
배우자에게 무언가를 시키려 하지 마세요

"빨래는 내가 했으니까, 설거지는 당신이 해."
이렇게 말하는 것은 집안일을 누가 더 많이 하는지 비교하는 것처럼
들릴 수 있습니다. 그럼 배우자는 이렇게 대답할 수도 있지요.
"흠, 하지만 쓰레기는 내가 내다 버렸는데?"
이런 식으로 하다가는 끝이 없습니다.

여러분이 할 일은 여러분이 하고, 배우자가 할 일은 배우자가 하게 해 주세요. 집안일을 원활하게 유지하려면 두 사람 모두 불평 없이 각자의 일을 해야 할 필요가 있습니다. 만약 배우자가 집안일을 하기 싫어한다면 일을 시키며 명령하기보다 같이 하자고 청해 보세요.

배우자를 도울 때
배려를 잊지 마세요

배우자를 배려하는 사람은 배우자가 문제를 해결하려 할 때
옆에서 묵묵히 돕습니다. 하지만 참견하기를 좋아하는 사람은
자신의 방법만을 강요하며 상대방을 압박합니다.

다른 사람을 사랑하는 사람은
상대방의 현재와 과거와 미래를 있는 그대로 인정합니다.

미셸 콰스트

81

배우자의 문제를
나서서 해결하려 하지 마세요

여러분이 먼저 나서서 배우자의 문제를 해결하려 하면,
상대방은 자신의 문제 해결 능력을
존중받지 못했다고 느낄 수도 있습니다.

따라서 "혹시 내가 도울 게 있을까?"라고 말하면서 배우자가 주도적으로 할 수 있게 하되, 여러분이 힘을 보태 줄 수 있음을 알려 주세요. 사실 상대방의 문제를 나서서 해결하는 것은, 장기적으로 볼 때 상대방의 발전에 도움이 되지 않습니다. 또한 배우자가 스스로 문제를 해결함으로써 얻게 될 만족감을 앗아가는 일이 됩니다. 문제를 해결하며 얻은 자신감은 더 크고 어려운 과제를 해내는 데 필요한 자산이 될 수 있지요. 배우자에게 성장할 기회를 주세요.

82

배우자가 원하는 도움을 정확하게 파악하세요

"내가 어떻게 도울 수 있을까?"라고 물으며
배우자가 원하는 것을 구체적으로 말할 수 있도록 기회를 주세요.
귀를 기울여 잘 들어 보면, 상대방의 요구를
착각했음을 깨달을 수도 있습니다.

배우자가 물을 달라고 말했는데, 우유를 갖다 준다면 우습지 않은가요? 이 정도면 그냥 웃어넘길 수 있지만, 심각한 문제에서 상대방이 원하는 바를 오해하면 결혼 생활에 갈등을 일으킬 수도 있습니다. 배우자의 요구를 정확하게 파악해 보고, 분명하게 알 수 없다면 다시 물어보세요.

83

배우자가 스스로
결정할 수 있게 해 주세요

"나는 이렇게 하니까 되더라고.
당신도 한번 이렇게 해 보는 건 어떨까?"

이렇게 말하는 것이 조용히 발을 구르며 한숨을 깊게 내쉬다가, 나지막이 "아휴, 답답해."라고 중얼거리는 모습보다 훨씬 낫지 않나요?

일의 주체가 되는 사람은 배우자여야 합니다. 배우자가 스스로 결정하고 행동할 수 있는 기회를 빼앗지 마세요. 특히 배우자에게 지시나 명령을 할 것이 아니라 실질적인 조언을 줄 수 있어야 합니다. 만약 여러분의 조언을 배우자가 따르지 않더라도 배우자가 한 선택을 존중해 주세요.

84-89

부부 사이에서 용서를 청하고
받아 주는 일은 중요합니다

부부 사이에 좋은 추억을 아무리 많이 만들어도
시간이 흐르면 점점 잊히게 됩니다.
그러나 원한은 기억에 또렷이 남습니다.

사랑은 신의를 통해서 그 진실됨이 드러나지만
용서를 통해 비로소 완성됩니다.

베르너 베르겐그루엔

자신의 잘못을
인정하세요

이는 매우 인간적인 모습이지요.
여러분이 자신의 잘못을 인정하면,
배우자가 여러분을 연약하고, 상처받기 쉽고, 불완전하고,
실수도 하는 한 사람으로 인식하게 됩니다.

아담과 하와의 이야기를 기억하나요? 그들이 큰 실수를 했지만, 어쩌면 우리도 그들과 같은 실수를 저지를 수 있음을 알기에 그들을 용서할 수 있습니다. 그리고 낙원에서 추방된 그들이 서로를 용서했다면, 우리도 겸손하게 서로의 사소한 잘못을 용서할 수 있습니다. 바로 여기에 결혼 생활이라는 세계의 운명이 달려 있을지도 모르지요.

85

사과할 때는 진심을 담아
솔직하게 말하세요

사과할 마음이 별로 없으면서 미안한 척 배우자를 속이지 마세요.
만약 진심으로 미안해하고 있다면 굳이 말을 꾸미려 할 것 없이
자신의 생각을 솔직하게 표현하면 됩니다.

배우자와 다투며 감정이 격해지다 보면 마음에도 없는 심한 말을 하게 될 때가 있습니다. 그럴 때 쉽게 미안하다는 말을 꺼내기 어려울 수도 있지요. 하지만 미안한 마음이 들었다면 배우자에게 다가가 진심을 전해야 합니다. 부부 사이에도 잘못한 일이 있다면 먼저 솔직하게 고백하고 용서를 구해야 하지요. 이는 자신의 부족함을 드러내는 것이 아니라, 자신의 됨됨이와 성숙함의 정도를 드러내는 것입니다. 먼저 이렇게 말하는 것부터 시작하면 됩니다. "미안해."

86

더 나아가
자신의 깊은 마음을 고백하세요

"사실은 화가 났었어. 그래서 당신에게 상처 주는 말을 하게 된 것 같아. 진심은 아니었는데 너무 심하게 말했어. 용서해 줘."

물론 이렇게 말하기 쉽지 않을 것입니다. 하지만 이렇게 말할 수 있을 정도로 진심으로 미안해하고 있다면, 그래서 그 마음으로 이렇게 말할 수 있다면, 여러분의 삶과 결혼 생활의 질은 분명 높아질 것입니다.

87

배우자의 사과를
너그럽게 받아 주세요

"이렇게 말하기 어려웠을 텐데,
먼저 사과해 줘서 고마워."

    자신의 사과를 상대방이 너그럽게 받아 주기를 바라는 만큼 상대방의 사과도 너그럽게 받아들여 주세요. "사과를 받아들이라고?"라거나 "그것 봐, 내 말이 맞다고 했지?"라고 말하는 것보다 훨씬 좋은 결과를 가져올 것입니다.

88

배우자의 사과에
답해 주세요

"그래, 사과를 받아 줄게.
사실 당신 말에 기분이 상했었어.
당신이 좀 지나쳤다고 생각했어."

이어서 이렇게 말하는 것도 좋습니다. "나도 말이 좀 지나쳤다고 생각해. 혹시 당신의 기분을 상하게 했다면 사과할게." 여러분이 저질렀을지도 모를 잘못을 바로잡는 좋은 표현이지요. 또한 사태를 수습하고 두 사람의 기분이 금방 풀릴 수 있도록 도와줄 말이기도 합니다.

89
여전히 상처가 있고 시간이 더 필요하다면 배우자에게 알려 주세요

"먼저 사과해 줘서 고마워.
하지만 난 아직 받아들일 준비가 안 된 것 같아.
나에게 좀 더 시간을 줄래?"

이 말에 대한 배우자의 반응을 상상해 보세요. 그리고 이 말 대신 이렇게 소리친다고 할 때 배우자가 어떤 반응을 보일지도 상상해 봅시다. "이 정도 사과로는 부족해! 난 아직도 화가 안 풀렸다고!" 이 말에도 배우자가 거듭 사과하며 말싸움을 다시 시작하지 않는다면, 여러분은 분명 좋은 배우자를 만난 사람일 것입니다.

90-93

배우자에게 감사하세요

감사하는 습관은 인생에서 많은 것을 이루도록 이끌어 줍니다.

나의 인생관은
모든 것을 감사하게 받고
당연한 것으로 여기지 않도록
연습하는 것입니다.

G. K. 체스터턴

90

배우자의 작은 행동에 주목하고, 자주 감사를 표하세요

작지만 중요한 행동들이 모여
화목한 가정을 이루는 힘이 됩니다.

사실 우리는 배우자를 자극하는 사소한 행동들을 무심코 할 때가 많습니다. 너무 사소해서 배우자가 언급하지 않는 행동들이지만 마음에는 불만이 계속 쌓여 갈 수 있지요. 그러나 예상하지 못한 순간에 건네는 감사의 말이나 진심을 담은 칭찬은 배우자의 불만이나 불편한 감정을 싹 지워 줄 수 있습니다.

91

비록 어려움이 따르더라도, 감사의 마음을 전해 보세요

때로는 여러분이 전하는 감사의 말을
배우자가 믿기 어려워할 수도 있습니다.

    다툼 뒤에 건네는 감사의 말은 다툼을 무마시키려는 것처럼 보일 수 있고, 느닷없이 건네는 감사의 말은 뭔가 필요한 것이나 꿍꿍이가 있는 것처럼 보일 수도 있지요. 혹시 여러분이 감사의 말을 했을 때 상대방이 미심쩍어 하면 속상할 수도 있지만, 그래도 꿋꿋하게 자신의 마음을 전해 보세요.

    특히 여러분의 마음이 더 분명하게 전해지길 바란다면, 확실하고 솔직하게 표현해야 합니다. 진심이 잘 전해진다면 두 사람 사이의 앙금이나 오해도 서서히 풀리게 될 것입니다.

92

자연스럽게 나올 때까지
감사의 말을 연습하세요

"날 위해 이렇게 해 줘서 고마워.",
"우리 가족을 위해 정말 수고가 많아. 당신에게 늘 감사하고 있어."
그리고 "당신에게 항상 고맙게 생각해."라는 말까지.

이런 말들은 배우자의 기억에 오래 남을 것임을 여러분도 잘 알고 있을 것입니다. 그러니 주저하지 말고 이 말들을 건네 보세요. 처음에는 약간 어색하게 들릴지도 모르지만, 자연스럽게 말하기 위해 거울 앞에서 연습도 해 보고, 의식적으로 자꾸 말하려고 하다 보면, 어느 순간 자연스럽게 말하게 될 것입니다. 그리고 그때가 되면 여러분과 배우자 모두가 더 행복해질 것입니다!

배우자에게 고마움을 전할 부분을 찾아보세요

가정을 위해 애쓰는 배우자의 모습을 칭찬해 주세요.

아이들과 게임을 한다고 배우자에게 잔소리하기보다 함께 어울려 보세요. 그리고 이렇게 말해 주세요. "아이들과 게임하는 게 이렇게 즐거운 줄 몰랐어. 집안일이며 직장 문제로 스트레스가 많았는데, 당신 덕분에 즐거운 시간이었어. 고마워."

가끔은 가족들과 함께 이전과는 다른, 새로운 무언가를 해 보세요. 그러면 결혼 생활에 활력을 불어넣을 수 있습니다. 또한 배우자가 늘 하는 일에서도 고마워할 부분을 찾아보세요. 그동안 당연하다고 여겼을지 모르지만 잘 찾아보면 고마움을 표현할 부분은 얼마든지 있습니다. 고마움을 전하는 동안, 자신에게 정말 중요한 것들, 즉 배우자, 가정, 신앙의 소중함을 더욱 깨닫게 될 것입니다.

맺음말
결혼 생활을 하는 내내 곁에 두고 읽어야 할 책

이 책에는 하느님의 축복이 함께하는 결혼 생활의 지혜들이 소개되어 있습니다. 하지만 여러분이 그 지혜들을 실제 결혼 생활에서 실천할 때에야 이 책은 비로소 완성될 것입니다.

이제 기억해야 할 마지막 한 가지 지혜가 남아 있습니다. 마지막까지 아껴 둔 가장 중요한 지혜는 바로 이것입니다.

"여러분의 결혼 생활을 위해 날마다 기도하세요."

여러분은 혼인성사를 통해 결혼 생활을 해 나가기 위한 은총을 받지만, 날마다 도움을 청하는 것이야말로 가장 확실하게 은총을 받는 방법이지요. 결혼은 남편, 아내 그리고 하느님으로 이루어져 있음을 기억해 주세요. 무엇보다 여러분의 가정에 하느님이 늘 함께하심을 결코 잊지 마세요.

앞으로도 하느님이 여러분과 여러분의 결혼 생활에 은총과 축복을 가득히 내려 주시길 바랍니다!

다양하고 복잡한 결혼 생활의 문제들을 어떻게 이렇게 간단하게 풀어낼 수 있었을까? 요즘 사람들은 결혼에만 관심을 가질 뿐 결혼 생활은 간과하는 경향이 있다. 그러다가 바퀴가 삐걱거리기 시작할 때는 이미 늦은 경우가 많다. 그러나 희망은 아직 있다. 현명하고 실용적인 내용을 담은 이 책의 도움을 받는 것이다. 이 책은 결혼 생활을 더 훌륭하게 꾸려 나가고 싶은 부부는 물론, 여러 가지 어려움 때문에 결혼 생활을 포기하려는 부부에게도 많은 도움을 준다. "결혼은 목숨을 건 결투이지만, 아무도 명예를 잃는 사람이 없어야 한다."라고 한 영국의 작가 G. K. 체스터턴의 말처럼 이 책은 부부를 강하게 만드는 데 꼭 필요한 설명서가 될 것이다. 이 책을 펴낸 두 저자에게 월계관을 바치고 싶다.

패트릭 코핀(〈가톨릭 앤서스 라이브Catholic Answers Live〉 진행자)

《부부 수업》은 내가 본 책 중에서 결혼 생활에 관한 지혜를 가장 잘 모은 책이다. 저자들은 간략하지만 함축적인 충고를 예리하고 재치 넘치는 말로 전한다. 우리가 '모르는 건 아니지만' 자주 잊는 진리를 때로는 상큼하게 알리며 깊은 깨달음으로 이끈다. 이 책은 혼인성사를 준비하는 예비부부와 좋을 때나 나쁠 때나 결혼 생활을 해 나가고 있는 모든 부부를 위한 책이다. 또한 이 책은 대담하면서 실용적이기에 인생의 어느 단계에 있든지 도움이 될 선물이자 안내이기도 하다. 마음에 드는 책이다!

실라 리오마이너스(라디오 쇼 프로그램 〈어 클로저 룩A Closer Look〉 진행자)

한평생 행복한 결혼 생활로 이끌어 줄, 믿을 만하고 훌륭한 안내서가 나

왔다. 이 책의 저자들은 행복한 결혼 생활을 위해서는 좋은 느낌만을 찾는 것보다 좋은 사람이 되려고 노력하는 것이 더 중요하다고 말한다. 좋은 배우자가 된다는 건 좋은 사람이 된다는 의미다. 미덕은 행복한 삶을 위한 열쇠이면서 행복한 결혼 생활을 여는 열쇠이기도 하다. 작은 보석과도 같은 이 책은 모든 부부와 결혼을 준비하는 이들이 반드시 읽어야 할 필독서다.

조지프 피어스(《세익스피어를 위한 질문 The Quest for Shakespeare》 저자)

혼인은 거룩하고 심오한 의미를 지닌 성사다. 그러나 침대 옆자리에 누운 낯선 이와 어떻게 계속 살아야 할지 고민하는 사람들에게는 혼인의 신학이란 한참 동떨어진 관념처럼 보일 수밖에 없다. 결혼 생활을 유지하도록 도와주는 의사소통, 존중, 애정 같은 기본 요소가 깨졌을 때 결혼에 대한 이론적인 설교는 전혀 와닿지 않게 된다. 이럴 때 우리에게 필요한 것은 실용적인 도구다. 결혼 생활을 다시 행복하게 바꾸어 주는 것은 일상에서의 사소한 말과 행동이기 때문이다. 이 책은 바로 이런 점들을 너무도 잘 알려 준다. '이렇게 하지 말고 저렇게 행동하는 것이 좋다.' '이렇게 말하지 말고 저렇게 말하는 편이 낫다.' 심지어는 '이렇게 생각하는 것보다 저렇게 생각하면 어떨까.'라고 우리가 바로 실천할 수 있는 실질적인 이야기들을 전해 준다. 결혼 생활에 조금이라도 변화가 필요하다고 생각하는 이는 물론, 대대적인 변화가 필요하다고 생각하는 이가 있다면 《부부 수업》을 꼭 읽어 보길 바란다.

메리 코챈(〈가톨릭 레인 Catholic Lane〉 편집장)

지은이 **제니퍼 로백 모스**

결혼과 가족학 전문가로, 결혼 교육 기금Marriage Education Fund을 위한 국가 기관 프로젝트의 일환인 '루스 연구소Ruth Institute'의 설립자이자 대표다. 결혼의 경제학적인 측면을 다룬 책을 여러 권 집필했으며, 여러 연구 논문이 〈경제사 저널Journal of Economic History〉, 〈포브스Forbes〉, 〈법과 공공 정책을 위한 하버드 저널Harvard Journal of Law and Public Police〉 등에 수록되었다. 미국 캘리포니아 주의 샌디에이고에 거주하면서 남편과 함께 입양 자녀를 포함한 두 자녀를 돌보고 있다.

베치 케리크스

〈육아는 즐거워Parenting is Funny〉라는 인기 블로그의 운영자다. 스튜번빌 프란치스코 대학교에서 저널리즘과 홍보를 전공했고, 커뮤니케이션을 부전공했다. 이후 잡지 〈엔보이Envoy〉의 교정과 구독 관리를 담당했고, 《결혼 생활을 더 즐기는 365가지 방법365 Ways to Enjoy Your Marriage More》이라는 탁상용 달력을 편집했다. 현재는 샌디에이고의 자택에서 재택 근무하며 주간지에 글을 기고하고 있고, '루스 연구소'의 블로그를 운영하면서 세 자녀를 홈스쿨링하고 있다.

옮긴이 **임정희**

이화여대 교육심리학과를 졸업하고, 한국외국어대 통번역대학원에서 독일어로 석사 학위를 취득했다. 현재 전문 번역가로 활동하고 있으며, 역서로는 《엘리야와 함께 걷는 40일》, 《주님, 나이 드는 것도 좋군요》 등이 있다.